高级汉语教程

GAOJI
HANYU
JIAOCHENG

徐晶凝 编著

北京大学出版社

图书在版编目（CIP）数据

高级汉语教程 / 徐晶凝编著 . —北京：北京大学出版社，2014.3

ISBN 978-7-301-24065-6

I. ①高… II. ①徐… III. ① 对外汉语教学—教材 IV. ① H195.4

中国版本图书馆 CIP 数据核字（2014）第 063491 号

书　　　名：高级汉语教程
著 作 责 任 者：徐晶凝　编著
责 任 编 辑：吕幼筠
标 准 书 号：ISBN 978-7-301-24065-6/H·3499
出 版 发 行：北京大学出版社
地　　　址：北京市海淀区成府路 205 号　100871
网　　　址：http://www.pup.cn　新浪官方微博：@北京大学出版社
电 子 信 箱：lvyoujun2012@126.com
电　　　话：邮购部 62752015　发行部 62750672　编辑部 62767349　出版部 62754962
印 刷 者：北京大学印刷厂
经 销 者：新华书店
　　　　　　787 毫米 ×1092 毫米　16 开本　11 印张　200 千字
　　　　　　2014 年 3 月第 1 版　2014 年 3 月第 1 次印刷
定　　　价：40.00 元（含 MP3 光盘 1 张）

未经许可，不得以任何方式复制或抄袭本书之部分或全部内容。
版权所有，侵权必究
举报电话：010-62752024　电子信箱：fd@pup.pku.edu.cn

目 录

使用说明 ··· 1
第一课　汉字改革 ······································· 1
第二课　汉字是无辜的 ································· 8
第三课　词汇问题 ······································ 27
第四课　"迷你"解读 ·································· 35
第五课　成语的误用和滥用 ··························· 47
第六课　谢安 ··· 57
第七课　拿起笔来之前 ································ 70
第八课　如何研究虚词的意义和用法 ················ 85
第九课　一语双关 ······································ 98
第十课　汉语的书面语 ······························· 107
第十一课　创造优质的汉语 ·························· 121
第十二课　美丽的汉语 ······························· 136
词语表 ·· 154
部分练习参考答案 ····································· 168

使用说明

本教材专为汉语国际教育专业硕士留学生（简称"国际汉教硕士"）编写，也可以作为面向中文系本科的预科专业汉语教材使用，亦适用于已经达到高级汉语水平且希望深入理解汉语言文化的汉语学习者学习。

作为国际汉教硕士的必修课之一，《高级汉语教程》的教学目标，除了进一步提高"汉语言听说和读写能力"之外，我们还希望学习者能够通过汉语学习，进一步了解汉语的语言特点，进一步积累中国历史文化方面的知识，提高理解汉语汉文化的能力。因此，本教材主要选取了三类文章：一类是介绍汉语汉字、词汇、修辞、书面语特点的文章。包括汉字改革、汉字造字法、词汇演变、形近词、外来词、成语、双关、排比、对偶等。一类是有关汉语研究的学术论文，主要是虚词研究的方法问题。一类是富有历史文化内涵的典雅美文，这部分文章涉及网络语言、文学语言等问题，也包括了诗歌、小说等中国文学知识。

对于已经能够熟练运用汉语的学习者来说，在汉语教学的方法上，应充分调动学习者的自主能动性，培养他们利用各种资源进行扩展学习的能力。因此，在使用这本教材时，我们建议：

生词学习：（1）每课的生词表中，我们都列出了词语的常见搭配。要求学习者课下自学生词，记住生词的常见搭配。有不理解之处，教师课上答疑。（2）课后词汇练习，可帮助学习者巩固复习生词，课后必做。（3）若时间允许，每学完两三课后，教师可让学习者个人或合作用生词写一篇文章，要求使用生词表中的词语搭配。

课文学习：（1）本教材中大部分课文都包含着一些历史、文学、文化的知识点，教师可让学生课前分头准备，利用网络、图书馆等资源，查找相关背景知识，课上请学生讲解。这样的练习，一方面可以增加学生的课后阅读量，一方面也能提高学生总结概括、提炼核心观点的快速查读、跳读的能力，课上讲解则为学生提供了说的机会，一举三得。（2）本教材在课文的难度上，有所差异。前五课课文中，除第二课外，都较为容易，教师可让学生先分组阅读，回答练习中有关课文理解的问题。教师主要起到答疑解惑的

作用。较难的课文，我们主张教师以带读的方式，和学生一起边读边讲。（3）扩展阅读部分，希望教师能要求学生课后必读，并在课上以提问的方式帮助学生理解文章内容以及讲解必要的知识，如第二课的汉字学知识。（4）教材中某些主课文和扩展阅读文章中，涉及作者对某些问题或现象的个人观点，并不见得正确。教师在这些观点的评讲过程中，可有意识地引导学生进行批判性思维，锻炼学生分析问题的能力。

练习：（1）原则上，词汇练习和句式练习，都作为课后作业，不占用课堂时间。（2）有关课文理解的练习，课上学生分组准备。这部分练习中所提的问题可以帮助学生理解文章的组织框架，以及作者论证问题的内在逻辑，从而可以培养学生利用修辞结构理解文章内容的能力。请教师课上花时间帮学生理清这些问题，对扩展阅读的处理，也可依据课程进度适当增加修辞结构方面的训练。（3）成段表达的练习，如辩论、模拟学术报告、小品表演、调研发表观点等，则要求学生课后分组准备，课上交流。

本教材所提供的教学材料与练习足够丰富，教师可视学生水平和课时安排决定取舍。对于非汉教硕士的学习者来说，第三课和第八课可以略过不学。第八课的课后练习，也可视情况而定。若学校没有专门开设论文写作课，我们建议教师要求汉教硕士学生必做，且给以学术论文写作规范方面的指导与训练。

总之，我们希望在这门课上，学习者能通过大量的中文原文阅读，在扩充词汇量，提高汉语听说读写能力的同时，加深对汉语言特点、中国文化的理解，爱汉语，理解汉语，并能在汉语学术论文写作方面得到初步训练。

自2010年秋季为国际汉教硕士班开设高级汉语课以来，经过四年的教学实践与探索，在广泛征求四届国际汉教硕士意见的基础上，我们对该课程在教学内容的选取与教学方法的设计上都进行了多次的调整，并最终确定了这门课程的教学理念。现将试用教材正式编辑出版，期待能为汉语国际教育学科的建设以及国际汉教硕士的培养贡献一份绵薄之力，同时，也为高层次汉语人才的培养提供一个新的教学视角。

徐晶凝

2013年12月18日

第一课　汉字改革

巴　金

　　日中文化交流协会的佐藤女士转来活跃在纯文学领域中的日本作家丸谷才一先生的信，信上有这样的话："1981年夏天……在上海见过先生，我们在一起度过了一个十分愉快的夜晚。特别是先生对敝人提出的有关文字改革的问题予以恳切的回答，并且允许我在书里介绍那一次的谈话……"他那本批判日本国语改革的书出版了，寄了一本给我，感谢我同意他引用我的意见。

　　我翻读了丸谷先生寄赠的原著，书中引用了我们的一问一答，简单、明确，又是我的原话。关于文字改革，我说："稍微搞一点汉字简化是必要的，不过得慢慢地、慎重地搞。"他又问起是否想过废掉汉字。我笑答道："这样我们连李白、杜甫也要丢掉了。"他表示要在他的新作中引用我的意见，我一口答应了。

　　关于日本国语改革我并无研究，不能发表议论。但说到汉字改革，我是中国人，它同我有切身的关系，我有想法，也曾多次考虑，我对丸谷先生讲的是真心话。我认为汉字是废不掉的，我单单举出一个理由：我们有那么多优秀的文化遗产，谁也无权把它们抛在垃圾箱里。

　　我年轻的时候思想偏激，曾经主张烧毁所有的线装书，今天回想起来实在可笑。一个历史悠久的文明古国要是丢掉它过去长期积累起来的光辉灿烂的文化珍宝，靠简单化、拼音化来创造新的文明是不会有什么成果的。我记起了某一个国家领导人的名言，三十年前他接见我的时候说过："单是会拼音，单是会认字，也还是文盲。"他的话值得我们深思。有人以为废除汉字，改用拼音，只要大家花几天工夫学会字母就能看书写信，可以解决一切。其实他不过是同祖宗划清了界限，成为一个没有文化的文盲而已。

　　我还有一个理由。我们是个多民族、多方言、十亿人口的大国，把我们大家紧密团结起来的就是汉字。我至今还保留着一个深刻的印象：1927年我去法国，在西贡去堤岸的小火车上遇见一位华侨教师，我们用汉字笔谈交

了朋友，船在西贡停了三天，他陪我上岸玩了三天。今天回想起来，要是没有汉字，我们两个中国人就无法互相了解。

　　我还要讲一件事。《真话集》在香港三联书店出版，我接到样书，就拿了一册送给小外孙女端端，因为里面有关于她的文章。没有想到这书是用繁体字排印的，好些字端端不认识，拿着书读不下去。这使我想起一个问题，香港同胞使用的汉字大陆上的孩子看不懂，我们简化字用得越多，同港澳同胞、同台湾同胞在文字上的差距就越大，因此搞汉字简化必须慎重。无论如何，我们不能忘记汉字是团结全国人民的重要工具。

　　各人有各人的看法，我讲的只是我个人的意见，但是我跟汉字打了七十几年的交道，我也有发言权。我从小背诵唐诗、宋词、元曲等等不下数百篇，至今还记得大半，深印在脑子里、为人们喜爱的东西是任何命令所废不掉的。

　　我不会再说烧掉线装书的蠢话了。我倒想起三年前自己讲过的话：语言文字只要是属于活的民族，它总是要不断发展，变得复杂，变得丰富，目的是为了更准确、更优美地表达人们的复杂思想，绝不会越来越简化，只是为了使它变得简单易学。

　　我们有的是吃"大锅饭"的人，有的是打扑克和开无轨电车的时间。根据我个人的经验，学汉语汉字并不比学欧美语言文字困难。西方人学习汉语汉字的一天天多起来，许多人想通过现代文学的渠道了解我们国家，我们的文学受到尊重，我们的文字受到重视。它们是属于人类的，谁也毁不了它，不管是你，不管是我，不管是任何别的人。

　　以上的话，可以作为我给丸谷先生的回信的补充。

7月9日

作者简介

　　巴金（1904—2005），原名李尧棠，字芾甘，四川成都人。作家。代表作有小说"激流三部曲"《家》、《春》、《秋》，随笔集《随想录》五集等。本文选自《随想录》，生活·读书·新知三联书店，2004年版。这是巴金晚年最重要的作品，最大特点是真诚，真诚的忏悔、反思，重新认识许多事情，曾经感动了无数读者。

词语

1.	敝人	bìrén	我（谦称）
2.	予以	yǔyǐ	给（后加双音节动词） ~支持 / ~重用 / ~拒绝 / ~帮助 / ~解决 / ~惩罚 / ~发表
3.	恳切	kěnqiè	诚恳，深厚而急切 ~（地）希望 / ~地说 / ~地告诉 / ~的劝导 / ~的意见（建议）/ ~的目光
4.	寄赠	jìzèng	通过邮寄的方式赠送 向…~
5.	慎重	shènzhòng	小心 为~起见 / ~决定 / ~研究 / ~考虑 / ~其事
6.	废 废掉 废除	fèi	不再使用，不再继续 ~太子 / ~的机票 / ~双手 ~制度 / ~新法 / ~关系 / ~传统
7.	切身	qièshēn	跟自己有密切关系的 ~经历 / ~利益 / ~（的）感受 / ~感受到
8.	偏激	piānjī	（意见、主张等）太过分 言词~ / 行为~ / 手段~ / 情绪~
9.	祖宗	zǔzong	一个家族的上辈，多指较早的。泛指民族的祖先
10.	界限	jièxiàn	不同事物的分界 划清~ / 打破~
11.	文盲	wénmáng	不识字的成年人
12.	而已	éryǐ	罢了
13.	蠢	chǔn	笨 ~话 / ~人 / ~事 / ~材 / ~头~脑的
14.	轨	guǐ	轨道；秩序 无~电车 / ~道 / 步入正~ / 常~ / 出~
15.	渠道	qúdào	水道；途径 通过各种~

练 习

一 看拼音写汉字并选词填空

  piānjī shènzhòng kěnqiè qièshēn yǔyǐ

1. 成吉思汗对耶律楚材的才华大为欣赏，于是将他留在身边，_____重用。
2. 在化学品充斥市场的情况下，专家们建议选购家用化学品要_____。
3. 从我_____的经历，可以说我父母选择的教育方式是最好的。
4. 这种情况也会给一些人带来新的心理失衡，可能产生各种各样的_____思想和消极情绪。
5. 现在我们把一点不成熟的思考说出来，_____希望得到同行专家的批评指正。

二 看拼音写汉字并选词填空

  éryǐ qúdào fèichú jìzèng bìrén jièxiàn

1. 他参与起草了《独立宣言》和美国宪法，积极主张_____奴隶制度，深受美国人民的尊敬。
2. 我的理想就是要克服来自地域、国家、政见、性别、年龄、种族与宗教的_____，消除人们之间的差异，接受对方，包容对方，改变世界。
3. 这种外交政策是在特定条件下的一种独创，它使中美两个大国在互不承认的对立情况下，有了一个沟通意见的_____。
4. 对于来自全国21个省市的信件，他均一一回复，并随信_____资料。
5. 我也曾想过嫁人的问题，不过只是想想_____，并没有付诸行动。
6. 曹纯之摆摆手："不客气。_____还有一件事要办，就不打扰了，有时间再来请教。"

三　查资料，解释下列名词

1. 纯文学：

2. 汉字改革（汉字简化运动、拼音化）：

3. 吃大锅饭：

4. 李白（代表作一首、作品特点）：

5. 杜甫（代表作一首、作品特点）：

四　读课文，回答问题

1. 关于汉字改革，巴金先生的看法发生了什么变化？
2. 他晚年对汉字改革的看法是什么？有哪几个理由？

五　扩展阅读

汉字是世界独有拼义文字　阅读时会现特有脑电波

香港中文大学心理系教授最新发现，有望攻克世界难题

当今世界上数千种文字都是字母文字，唯独汉字没有拼音化。汉字是不是低级文字，并将最终为字母文字所取代？这个近百年来悬而未决①的世界性学术难题，很有可能被香港中文大学心理系教授张学新的研究小组解决。

汉字是世界上独一无二的拼义文字

张学新昨日在广州大学为师生做了题为《古老文字的最新来电——心理学揭开争鸣百年的汉字之谜》的讲座。记者了解到，过去3年里，张学新及其团队经多次实验证实，人脑中存在一个特有的脑电波N200，只会在人阅读汉字的时候出现，阅读由字母组成的拼音文字时则不会出现。关于发现N200脑电波的学术论文已经发表在最新一期的《科学通报》杂志封面上。

他同时提出了汉字是"拼义文字"的理论，首次提出汉字是世界上独一无二的拼义文字，与拼音文字构成人类文字最高发展阶段仅有的两种类型。

汉字具有高度科学性，没必要拼音化

记者从讲座中了解到，张学新及其团队第一个研究成果是提出汉字拼义理论，第一次指出汉字是世界上独一无二的拼义文字，同拼音文字一起，构成人类文字最高发展阶段仅有的两个类型。根据这一理论，拼音文字是听觉文字，而汉字是视觉文字，两者切合不同的科学规律。汉字与拼音文字本质不同，完全不可能拼音化；汉字具有高度的科学性，也根本没有必要拼音化。这样，拼义理论用严密、科学的论证，解决了汉字拼音化的百年争鸣，第一次把汉字提升到与拼音文字平起平坐的地位。张学新说："汉字作为华夏文明的瑰宝，将永远伴随着中国人。"

---

① 悬而未决（xuán ér wèi jué）：还没有解决。

张学新教授第二个研究成果，是发现了一个中文特有的脑电波——N200，它只在中国人阅读汉字的时候出现，而西方人阅读字母文字的时候根本没有。N200的发现，找到了区分两种文字不同加工过程的一个关键的科学指标。这个指标清楚表明，汉字是视觉文字，其识别过程很早就涉及非常深入的视觉加工；而字母文字，作为听觉文字，不注重视觉加工，也就不会出现N200这个现象。

张学新及其团队从理论和实验两方面论证了中国文字的独特性，拼义理论的论文被教育部的《高校文科学术文摘》全文转载。N200的研究结果，于2月20日在我国自然科学顶尖杂志《科学通报》发表。这两个成果分别登上了国内文科和自然科学的顶级杂志，得到学术界的认可。（记者/雷雨，实习生/刘红弟）

（据中国新闻网2012年4月11日《教育新闻》）

第二课　汉字是无辜的

周质平

最近几年，汉语热成了学界的一个热门话题。鸦片战争之后，只有中国人学外国话的份儿，哪儿有外国人学中文的事呢？而今风水轮转，外国人居然也学起汉语来了。五四运动以来，被许多中国知识分子指为中国进步绊脚石的汉字，在经过近百年的批评、摧残、改造之后，居然屹立不动，还在世界各地大出风头。这绝非当年主张废灭汉字、提倡拉丁化的学者专家所能梦见。

1923年，钱玄同在《国语月刊》第一卷《汉字改革专号》上发表《汉字革命》长文，几乎把中国所有的落后、封闭、野蛮都怪罪于汉字，汉字成了"千古罪人"：

> 我敢大胆宣言：汉字不革命，则教育决不能普及，国语决不能统一，国语的文学决不能发展，全世界的人们公有的新道理、新学问、新知识决不能很便利、很自由地用国语写出。何以故？因汉字难识、难记、难写故，因僵死的汉字不足以表示活泼泼的国语故，因汉字不是表示语音的利器故。因有汉字作梗，则新学、新理的原字难以输入于国语故。(《钱玄同文集》卷三，页62，北京：中国人民大学出版社，1999)

在八十三年之后，回看钱玄同当年对汉字的指控，我们不得不说：汉字是无辜的。近一百年来，中国的进步发展是有目共睹的，无论是教育的普及、国语的统一、新知的传入，现在都有可观的成绩。而汉字除了稍减繁重之外，依然故我，丝毫没有从图像（graphic）表义的基本结构转向字母拼音的迹象。显然，汉字并不是近代史上使中国停滞不前的元凶。

审视百年来中国语文改革的历史，所有取代汉字的方案，诸如国语罗马字、世界语、拉丁化、汉语拼音等等，都未曾动得汉字分毫。热衷于革命的语文改革家，似乎都太小看拥有几亿人口的汉语和有数千年历史的汉字了。钱玄同在1923年提出"汉字革命"的口号之后，非常乐观地说："我希望从1932年以后，入学的儿童不再吃汉字的苦头（同上，页83）。"他以为十年之内，就可以让汉字销声匿迹了！这也未免错估得离谱了。

套一句黑格尔的名言：存在的都是有道理的。我们祖先之所以没有走上拼音的道路，正是因为汉字是最能适应这个多方言国家的书写工具。汉字以图像表义的内涵是可以超越方言的不同的。换言之，汉字是汉语最佳的搭配。

至于说，汉字一定比拼音文字难识、难记、难学，这也很难说服一个母语是汉语的人。任何人对自己的母语、母文都有一种特殊的亲切，而觉得是最合理、最容易的语文。五四时期的知识分子好做中英文的对比分析，其结论则往往是"中文不如英文合乎文法，表达精确"之类似是而非的话。我在美国生活了大半辈子，实在不能同意中文不如英文的说法。对我来说，中文永远是我表达最精确、运用最有效的语文。

五四时期知识分子敢于批判自己的文化，如鲁迅在小说杂文中指出中国人的愚昧、冷漠、无知，吴稚晖要中国人把线装书丢进茅厕，胡适说："中国不亡，世无天理。"这种勇于自我批判的精神，都起了相当"揭出病毒"并引起疗救注意的功效。唯独"废灭汉字"这一点，是个诬告，让汉字受了近百年不白之冤。

汉语汉字之所以由冷门变成热门，绝非因为汉语汉字的内在结构起了根本的变化，而是中国已经由一个被列强瓜分的次殖民地，一变而成了雄峙于东方的大国，无论在经济、军事、政治、外交上都有了举足轻重的地位。汉语汉字成了洋人了解中国必不可少的工具了。"五四"知识分子常有因果倒置的论断，以为中国的复兴依赖汉字的革命，而不知汉语汉字的复兴实有赖于中国的复兴。

2006年3月24日，联合国发布了一条新闻：2008年以后，联合国在汉字的使用上，只用简体字，不再繁简两体并用了。这条新闻说明了国际社会对汉字发出了"书同文"的要求。

3月24日新闻发布后，在网上出现了"请支持反对联合国废止繁体中文"的网页，在英文的说明中，提到一旦废止繁体汉字，将危及中国历史文化的传承云云。据说签字支持的人颇多。这种危言耸听式的提法，没有半点新意，徒见主张者对汉字演进缺乏历史的观念。

中国文字从殷商的甲骨文到现行的简化汉字，三千多年来，在形体上始

终都在改变。中国文化或传统并没有因为文字字形的改变而断绝，要知道先秦的子书绝不是用现在的繁体字书写的。然而，我们至今能看《论语》、《孟子》、《老子》、《庄子》。看不懂古书，和字形的改变是不甚相关的。一个看不懂《诗经》"关关雎鸠，在河之洲"的人，用简化汉字写，固然看不懂，用繁体就能懂了吗？我们今日所以能懂"关关"是鸟鸣的声音、"雎鸠"是一种鸟，而"洲"则是河中的小岛，并不是依赖古今字形的一致，而是靠着历代许多学者作了文字、声韵、训诂各方面的研究，他们为《诗经》作了注疏。换句话说，是通过前人的解释，我们才了解了古书的含义。没有这些学者的努力，即使把《诗经》刻成小篆甚至大篆，我们依旧是看不懂的。

　　至于说字形一旦改变，文化就将断绝，那更是无根的谬论。韩国废除了汉字，韩国文化历史并不曾中断；中国由甲骨、大篆、小篆、隶书、楷书，一路变来，中国文化依然生机勃勃。倒是如果中国人至今还写甲骨文，中国文化可能已不在人世间了。中国的文化绝不是如汉字卫道者所说的那么脆弱，过去五千年的历史已经为文化的继续并不仰仗字形的一致，作出了最有力的说明。

　　随着汉语汉字在国际上日益通行，国际社会对汉字书同文的要求也随之与日俱增，联合国用简体字，不但有象征的意义，也有实质的意义。就象征的意义来说，19世纪50年代，中国的文字改革，受到了国际社会的承认，简体字由异体字取得了正体字的地位。从此，适用于20世纪中期以前的繁体字，正式走入了历史，成了古体。这一改变，让所有视繁体字为正体字的人，必须从观念上作一调整。即所谓"正体"只是一个相对的概念，而非绝对的。大篆曾经是中国文字的正体，但被小篆取代之后，大篆就成了古体，而小篆则成了正体。同样的，隶书取代小篆之后，小篆成了古体，而隶书成了正体。楷书取代隶书之后，楷书是正体，而隶书又不得不退居到了古体。而今，简化汉字取代了20世纪中期以前的楷书，那么，繁体字之成为古体，而简体字之成为正体，已是不容置疑的事实了。

　　繁简所反映的不仅是笔画的多少，也是个文字的古今问题。能做如是观，才能比较心平气和地来面对语文的问题。《荀子·正名》篇中所说的"约定俗成"，是语文变迁的最终原则，而这个原则所体现的实质意义是：语文的问题只是个"是什么"的问题，而不是一个"应该是什么"的问题。所有坚持写繁体字的人往往是只看到"应然"而看不到"已然"。说某字应该怎么写，至少都应该上溯小篆。汉字卫道者何不在今日捧着《说文解字》，提倡写小篆呢？那岂不是更能符合中国传统吗？

就实质的意义上来说，国际社会使用简化汉字，使目前仍坚持使用繁体字的港台和海外少数华人，不得不面对这"举世滔滔"的问题，进行严肃的思考，在语言文字上作所谓"中流砥柱"，除了孤立自己以外，可有什么其他积极的意义？语言文字是交流的工具，跟着多数人走，是给别人方便，也是给自己方便。坚持用一种已经不为国际社会承认的古体汉字，而仍沾沾以为"正体"，这是许多港台汉字卫道者的心理写照。

在汉字漫长的演进史上，有些改变是由政府主导的，如秦代的"书同文"；有些是老百姓自发的，但由繁趋简的大方向却是一致的。在文字演变的过程中，偶尔也有繁化的现象：如"它"字，原来是"蛇"的象形字，但在"它"字另有"它用"之后，另加"虫"的部首，而有了"蛇"字；又如"燃烧"的"燃"字，是在原已从"火"的"然"字上，另加一"火"字。但这种繁化的例子是极少的，在中国文字沿革史上，不能视为通则。

此刻，我们不妨重温一下秦始皇统一文字的历史，这或许对坚持用繁体字的人，有一定参考的意义和棒喝的作用。司马迁在《史记》的《秦始皇本纪》和《李斯列传》中，对这段历史有简略的记载，许慎在《说文解字》序中，对这个中国历史上大规模的文字改革有较为详细的说明：

始皇帝初兼天下，丞相李斯乃奏同之，罢其不与秦文合者。斯作《仓颉篇》，中车府令赵高作《爰历篇》，太史令胡毋敬作《博学篇》。皆取史籀大篆，或颇省改，所谓小篆者也。是时秦烧灭经书，涤除旧典，大发吏卒，兴戍役，官狱职务繁。初有隶书，以趋约易，而古文由此绝矣。

从大篆到小篆，经过了一个"或颇省改"的过程，据段玉裁注："省者，减其繁重；改者，改其怪奇。"因此，秦始皇的书同文字，也无非就是简化字运动：将大篆简化为小篆，将小篆简化为隶书。而在这个简化的过程中，一定也有一段相当长的过渡时期。就如同50年代开始的文字改革，到今天依然存在着繁简并用的现象。而尤其值得注意的是"古文由此绝矣"的事实，并没有演变成"古文化由此绝矣"。为汉字或中国文化忧心的卫道诸公，看

了这段历史之后,应该可以稍感宽心。

十年前,我曾为文呼吁台湾在语文上要"随波逐流",才能打破台湾在语文上的"孤岛现象"。而今,我们可以改"随波逐流"为"顺应潮流"了。

在过去不到十年的时间里,汉语拼音已经基本上做到了统一,除了台湾,世界上所有的中文图书馆,都已改用汉语拼音。至于中国人名、地名,也都有了一致的拼法。所有有关汉学研究的著作,都在这短短几年之间改用了汉语拼音。

科技的发展是另一个要求趋同的力量。在这个因特网的时代,信息的交流真是铺天盖地,而今若还想自外于简体字,构建出一个绝缘的繁体字社会,那已是绝无可能的了。有些台湾人可能把使用简化汉字视为向大陆屈服而起一定抵触心理,然而,就现在的趋势看来,使用简化汉字,与其说是中国化,不如说是国际化了。

作者简介

周质平(1947—),上海人。台北东吴大学中文系毕业,东海大学硕士,美国印第安纳大学博士。现任普林斯顿大学东亚系教授。著有《公安派的文学批评及其发展》、《胡适与鲁迅》、《儒林新志》、《胡适与韦莲司——深情五十年》、《胡适与中国现代思潮》等。本文选自《万象》第8卷第1期,2006年4月。

词 语

1.	风水	fēngshuǐ	指住宅基地、坟地等的地理形势,如地脉、山水的方向等 看~ / ~先生 / ~宝地
2.	绊脚石	bànjiǎoshí	阻碍前进的人或事物 骄傲是进步的~
3.	摧残	cuīcán	使…受到严重损失,常用于政治、经济、文化、身体、精神等方面 受到~ / 遭到~

4.	屹立	yìlì	像山峰一样高高地、稳固地立着，常用来比喻坚定不动摇 ~不摇 / 巍然~
5.	出风头	chū fēngtóu	出头露面，显示个人的表现（常含贬义） 大~ / 出尽风头
6.	作梗	zuògěng	从中阻挠，使事情不能顺利进行 与 sb. ~ / 从中~
7.	指控	zhǐkòng	指责、控诉 美国~我们拥有核武器 / 受到~ / 没有根据的~ / 对 x 的~
8.	有目共睹	yǒu mù gòng dǔ	大家都能看到 取得~的成绩（成就）/ ~的事实 / 中国男篮的进步，是~的
9.	迹象	jìxiàng	指可以看到的不很显著的情况，可以根据它来推断事物的过去或将来 出现~ / 有好转的~ / 种种~表明
10.	停滞	tíngzhì	因为受到阻碍，不能顺利地运动或发展 ~不前 / 发展处于~状态 / 陷于~状态
11.	元凶	yuánxiōng	做坏事的头儿，祸首 暴力事件的~ / 查找~ / 头号~
12.	审视	shěnshì	仔细看（多用于抽象事物） ~农民问题 / ~两国关系 / 对…进行认真~
13.	热衷	rèzhōng	十分爱好某种活动 ~于公益事业 / ~于创作 / ~收集书画
14.	苦头	kǔtóu	不幸、磨难等 吃~ / 吃尽~ / 什么~都尝过了
15.	销声匿迹	xiāo shēng nì jì	形容藏起来或不再公开出现 前几年每年都要出现的"三月金融危机"今年已经~
16.	离谱	lípǔ	说话办事等不合常规 他这个人行为一向~ / 你错得太~了 / 他提出的要求更~

17.	似是而非	sì shì ér fēi	好像对，实际上并不对
			～的理由 / ～的言论 / ～的分析 / ～的说法 / ～的观念
18.	愚昧	yúmèi	缺乏知识，愚蠢而不明白事理
			～无知 / ～落后 / ～迷信 / ～可笑 / ～的时代 / ～的人
19.	冷漠	lěngmò	冷淡、不关心
			对…很～ / ～的眼神 / ～的态度 / ～的样子
20.	诬告	wūgào	无中生有地控告别人犯罪
21.	不白之冤	bù bái zhī yuān	没有办法辩白或洗清的冤枉
			蒙受～ / 遭受～
22.	列强	lièqiáng	旧时指世界上同一个时期内的各资本主义强国
			西方～ / 帝国主义～
23.	殖民地	zhímíndì	colony
24.	举足轻重	jǔ zú qīng zhòng	指地位非常重要
			～的地位 / ～的人物 / ～的作用 / ～的影响
25.	必不可少	bì bù kě shǎo	必需的，不可以没有的
			～的重要内容 / ～的条件 / ～的前提 / ～的途径
26.	因果倒置	yīn guǒ dào zhì	原因和结果颠倒过来了
			他对此提出了～的问题：我们到底是因为没时间而信写得少了，还是因为不愿花时间写信呢
27.	有赖于	yǒulàiyú	表示一件事要依赖另一件事的帮助
			要保持发展，～地区的安全和稳定 / 要取得这样的效果，～我们的共同努力
28.	危言耸听	wēi yán sǒng tīng	故意说吓人的话使听的人吃惊害怕
			这种说法并非～ / 有人认为情况并没有那么糟糕，不必～
29.	断绝	duànjué	打断原来的联系或连贯性
			～关系 / ～来往 / ～交通
30.	勃勃	bóbó	①精神旺盛或欲望强烈的样子
			兴致～ / 雄心～ / 生气～
			②生机勃勃：富有生命力、活力的样子
			生机～的大自然 / 一派生机～的景象

31.	卫道者　wèidàozhě	保护某种占统治地位或思想体系的人（常含贬义），也可说"卫道士" 封建~
32.	与日俱增 yǔ rì jù zēng	随着时间的推移而不断发展 不满情绪~／游客量~／~的影响力
33.	不容置疑 bù róng zhì yí	不容许任何怀疑 ~的结论／~的事实／教师的重要作用~／他们~地占有绝对优势
34.	心平气和 xīn píng qì hé	心里平和，不生气 ~地跟她说话／~地进行会谈／~的态度
35.	约定俗成 yuē dìng sú chéng	指某种事物的名称或社会习惯是由于人们经过长期实践而认定或形成的 事物叫什么名称，完全是~的。如果当初有人把"水"叫"窝头"，大家都跟着这么叫，时间一长，那么水这种东西也就叫"窝头"了／按照~的习惯，人们一天吃三顿饭
36.	上溯　　shàngsù	往上推溯或回想 这个理论的起源可以~到战国时期
37.	滔滔　　tāotāo	形容大水滚滚，也形容话多 ~江水／~不绝地说／~地涌进来
38.	中流砥柱 zhōng liú dǐ zhù	比喻坚强的、能起支柱作用的人或集体。砥柱：立在黄河激流中的砥柱山（在三门峡） 发挥~的作用／旅游业是新加坡经济的~
39.	沾沾　　zhānzhān	形容自以为很好、很得意的样子，一般只用于"~自喜"（含贬义） 不要因一时的成功而~自喜
40.	忧心　　yōuxīn	忧愁、忧虑 令人~／感到~／~忡忡地说／~忡忡地表示／面对经济问题，总理~如焚
41.	随波逐流 suí bō zhú liú	跟着波浪起伏，跟着流水飘荡。比喻自己没有主见，跟着潮流走 他一向坚持真理，从不~

42. 铺天盖地	pù tiān gài dì	形容声势大，来势猛，到处都是 ~而来 / ~的广告 / ~的宣传
43. 屈服	qūfú	对外来的压力让步，放弃斗争 ~于命运 / 不向恐怖主义~
44. 抵触	dǐchù	跟另一方有矛盾 A 同 b 相~ / ~情绪 / 这个规定与瑞士银行的保密法存在~

句式例解

1. **几乎把中国所有的落后、封闭、野蛮都怪罪于汉字**

   怪罪于 X：认为是 X 有过错

   （1）当问题发生或愿望无法达成的时候，通常我们会怪罪于某些人或某些事情。然而我们的问题或危机，却常常是由我们自己造成的。

   （2）我不应当把所有问题都怪罪于我的妻子。

   （3）报告认为，在一些工业国家里失业率大幅上升，不能怪罪于国际贸易的发展与移民增加，主要应归咎于技术的进步与变革，市场对不熟练工人需求的减少等因素。

2. **中国已经由一个被列强瓜分的次殖民地，一变而成了雄峙于东方的大国**

   X 一变而成 Y：从 X 变成 Y

   （1）可口可乐，竟奇迹般地从一种药剂摇身一变而成为风行各地的饮料了。

   （2）李文彬被革命的激情燃烧着，由一个养尊处优的公子少爷一变而成为农民运动的领袖。

   （3）跳绳，何等平常的运动，在晚会里一变而成了充满舞蹈性的"阿细跳月"。身着彝族服饰的孩子们，欢闹着，在跳绳的瞬间连续做出了各种高难动作。

3. 让所有视繁体字为正体字的人，必须从观念上作一调整

视 X 为 Y：把 X 看作 Y

（1）欧泊和碧玺，同为西方人10月份的诞生石。日本人爱欧泊成癖，视它为忠诚和希望的象征。

（2）恒河创造了世界古代史上有名的印度文化，难怪印度人视它为"圣河"了。

（3）海龟，在我国民间有"千年龟"的说法。沿海渔民视它为吉祥之物，常把捕获的海龟送回大海。

（4）珠穆朗玛峰是世界的最高峰，有世界之巅之称。藏族人民视它为圣洁的女神。

4. 坚持用一种已经不为国际社会承认的古体汉字

为 X（所）承认：被 X 承认

（1）在这种情况下，如何举行一个有着广泛代表性且为国际社会（所）承认的大选已经成为摆在伊拉克临时政府面前的一道难题。

（2）经济持续稳定协调发展，离不开税收的调节作用，这一点已为多数人（所）承认。

（3）我们相信，真正能够为历史和时代（所）承认，为人民所喜爱的，只能是热爱人民、热爱艺术，勇于创新的文艺家。

练习

一 看拼音写汉字并选词填空

yìlì   yúmèi   guàizuì   yuánxiōng   lěngmò   zhǐkòng

cuīcán   shěnshì   wūgào

1. 近十年的流放生活，不仅_____了他的肉体，而且也动摇了他的信念。

2. 五台山位于山西省五台县东北，以台怀镇为中心，周围_____着东、西、南、北、中五个山峰，称作五台。

3. 本以为刘大维会对我有意见，谁知他并没有_____我的意思，相反还安慰我说：第一次拍电视没有赔本，已经算不错的了。

4. 帕克萨斯被_____在六个方面"违反宪法、违背誓言及违反法律"。

5. 酸雨是造成全球性环境污染的又一个_____。

6. 双方应从战略高度和长远眼光_____中美关系，努力扩大共识，缩小分歧，妥善处理两国间的问题。

7. 到1958年，有1600万妇女摆脱了文盲状态，初步改变了中国妇女_____落后的状况。

8. 他动了动脑袋，睁开眼望了望我，脸上的表情很_____，接着又歪过脑袋继续睡他的觉了。

9. 那批人还敲诈勒索，谁不服他们，他们就随便_____。

   jǔ zú qīng zhòng xiāo shēng nì jì yǒu mù gòng dǔ
   wēi yán sǒng tīng bù róng zhì yí xīn píng qì hé

10. 他指出，香港回归10年多来，成就（　　　　　　），举世赞誉。

11. 在20世纪40年代以后，这一物种便（　　　　　　）了。1990年，国际濒危物种研讨会正式宣布：西藏马鹿绝种。

12. 当时，张学良的东北军处于（　　　　　　）的地位，蒋介石很重视他。

13. 古旧书行业正在由萎缩走向消亡，这并非（　　　　　　）。

14. 在心情郁闷的时候坐下来，"五心朝上"，调匀呼吸，慢慢地你会变得（　　　　　　）。

15. 这是来自国家水利部的资料，其真实性（　　　　　　）。

二 查资料，解释下列名词

1. 鸦片战争：

2. 五四运动：

3. 拉丁化运动：

4. 国语罗马字：

5. 世界语：

6. 杂文：

7. 书同文：

8. 殷商:

9. 汉字书体的演变（甲骨文、大篆、小篆、隶书、楷书、行书、草书）:

10. 经史子集:

11. 《诗经》:

12. 小学（汉字学、训诂学、音韵学）:

13. 注疏:

14. 异体字：
   _____
   _____
   _____

15.《说文解字》：
   _____
   _____
   _____

16. 棒喝：
   _____
   _____
   _____

17.《史记》：
   _____
   _____
   _____

三 读课文，回答问题

1. 五四运动以来，许多中国知识分子为什么要提出废除汉字？他们是在什么背景下提出的这些主张？
2. 有人认为："一旦废止了繁体汉字，中国历史文化将受到危及。"周质平先生对此观点有何见解？他从哪几个方面进行了论证？

四 辩论

学生分成正方与反方两队进行辩论，每队队员四到五人。
正方：不可以废止繁体字。

反方：应该废止繁体字。

要求：1. 利用第一课和第二课课文里的证据，阐述自己的观点。

　　　2. 可以根据自己的理解，提供更多的论据。

　　　3. 尽量使用课文里的词语和句式。

五 扩展阅读

汉字的造字方法

一般认为，汉字是遵照六书的方法来造字的。所谓"六书"，是汉代学者从小篆字体中归纳总结出来的古人造字、用字的方法，即：象形、指事、会意、形声、转注、假借。

实际上，在六书中，只有象形、指事、会意、形声四者才是造字之法。它们反映了汉字形体的结构特征，而转注、假借，则是用字之法，跟汉字的形体结构没有关系。这就是所谓的"四体二用"说。

象形、指事、会意、形声反映了汉字形体结构特征，了解这四种造字法的特点，有助于我们深入理解汉字的结构以及字形和字义之间的关系。

象形即是描绘事物的整体轮廓或描绘其具有特征的部分，用这种方法造出来的字就是象形字。象形字数量不是很多，但它能很直观地反映字形与字义之间的联系，同时它也是构成形声字和会意字的基础部件。象形字一般记录的都是名词，如（第二行是甲骨文的写法）：

人　目　水　木　月　牛　羊　马

指事即是在象形字或象形符号上加一个或几个记号来指出事物的特点，用这种方法造出来的字就是指事字。指事字记录的多是些抽象概念，这些字不容易画出来，无法用象形的方法来造。如：

上　下　本　末　刃　亦　一　三

会意字由两个或两个以上的义符构成，整字的意义即是由这些义符的意义组合而成或者由义符之间的位置关系来表示。如：

休　见　林　牧　从　北　岩　歪

形声字由声符（也称声旁）和义符（也称形旁、形符）两个部分构成，义符标明该形声字的意义范畴，声符则提示该形声字的读音。如：

远　枝　湖　闻　病　钙　孩　爸

象形字、指事字一般都是独体字（早期的古文字中，也有一些象形字为多体象形，它们不是独体字），会意字、形声字则是合体字。汉字楷书的象形字、指事字基本上都是由古文字字形演变而来，后起的字形很少；而会意字、形声字即使到了楷书阶段，也仍然有着相当的能产量，特别是形声字，有着很强的生命力。

汉字中，形声字的数量最多，小篆里形声字的比例已经达到了80%以上，到了楷书阶段更是达到了90%以上。可以说，掌握了形声字的特点就掌握了绝大多数汉字的特点。

前面我们说过，会意字是由两个或两个以上的义符构成，形声字则是由声符和义符两个部分构成。构成合体字的这些声符、义符也称偏旁。汉字的数量很多，但构成汉字的偏旁却是有限的（傅永和先生对1979年版《辞海》所收的11834字作过全面的分析、统计，发现这11834字中所包含的单一偏旁只有648个。参见傅永和《汉字结构及其构成成分的分析和统计》，载《中国语文》1985年第4期），因而，古人很早就开始根据偏旁给汉字分类。东汉许慎的《说文解字》是中国的第一部字典，他根据偏旁的不同，把9353个汉字分成了540部，每一部的共同偏旁便是各部的首字，因而也称部首。

一般来说，作为部首的偏旁，常常有表示义类的作用。从那时起，中国历代的字典都按照部首来编排汉字，极大地方便了人们查检汉字。在古代字书中，形声字的部首便是它的形符，而会意字的部首则常常是它的主义符。

（据王若江主编《预料专业汉语教程》，北京大学出版社，2004）

合文为字说会意

若 雄

象形、指事以模仿实物为基础结构文字，而语言中一些表示抽象概念的词却无形可象，于是，便有了会意字的出现。

所谓会意，就是一种会合两个或两个以上的象形类独体字（传统上称为"文"）组成新字的构字方法。如"及"，甲骨文作"𠂇"，左为人，右为手，表示"赶上抓住"义；"林"，甲骨文作"𣏟"，用双木表示树木丛生义；"集"，小篆体作"𪚇"，以三鸟集于树的形象表示"集合"、"聚集"义。

分析会意字的结构及基本义是一项比较复杂的工作。首先，会意字不同于象形字，象形字通常只要比较实物便可了解本义；也不同于指事字，指事字可以根据指示符号的位置得出本义。其次，会意字虽与形声字相近，但形声字大多可从形旁找到其义类，其本义比较容易识别，而会意字的本义则要从各组合成分的关系上去分辨，有很大的模糊性。

会意字因其成型时代的差异而有两种类型：早期会意字（即在古文字阶段造成的会意字）一般是会合两个或两个以上构件的形象而表义的，如上述"及"、"林"、"集"等字都是如此；而隶变（由隶书替代古文字）后产生的会意字则多为会合两个构件语义而表示字义的，如"大耳为耷"、"山石为岩"、"小大为尖"等。

会意字中比较特殊的情况，是有些会意字的会意构件还有表音功能。如"娶"，《说文》分析其结构为"从女从取，取亦声"。也就是说，"娶"字中的"取"，既与"女"会合起来表"娶"字之义，又可兼表"娶"字之音。

从汉字形成过程来看，在形声字大量使用之前，会意无疑是一种主要的造字方法，所以它在甲骨文中所占比重较大；在有表音成分的形声字出现之后，会意的构字功能才逐渐相形见绌①。

（据 1995 年第 5 期《咬文嚼字》）

音义兼备的形声字

俞水生

　　在象形、指事、会意字产生之后，汉字已有了一定的记词功能。但由于这三种构字法都只诉诸所记词的意义，在实际记词中还是显得很不完善。比如"水"表水域，仅此无从区别"江"、"河"、"湖"、"海"；"木"表树木，也无法区分"松"、"柏"、"杨"、"柳"。于是，一种新的构字方法——形声便应运而生。

　　形声是一种把表示字义的形符与表示字音的声符加以合成的构字方法。如"江"以"水"为形符，"工"为声符；"握"以"手"为形符，"屋"为声符。

　　形声字形符和声符的构成方式相当灵活，例如：

左形右声：醒、板、洋、模。

右形左声：功、都、期、刊。

下形上声：想、唇、烹、妄。

上形下声：室、窦、草、符。

内形外声：闷、闻、闽、辩。

外形内声：闺、固、街、衷。

　　在这些组合方式中，左形右声是最常见的。与象形、指事、会意这些单纯表意字相比，形声这种结构方式由于同时与其所记词的音、义都发生联系，所以成为最能产的造字方式。可以说，一切抽象的概念和新事物，都能用它记录、标示出来。因此，形声字数量极多，《说文》中形声字便占了百分之八十以上，至今已占汉字总数的百分之九十左右。形声字的形符一般只表示字义的范畴，也就是说，它所表示的意义具有某种笼统性；而形声字的声符，

---

① 相形见绌（xiāng xíng jiàn chù）：与……相比就不那么好了。

由于古今语音的变化,现在已往往不能准确标示字音,所以对很多形声字,我们不能只凭借声符去望文生"音"①,否则,就会闹出"秀才识字读半边"的笑话。

(据 1995 年第 5 期《咬文嚼字》)

巧用形声字

有个财主家的少爷,自以为读了几本书,就爱耍点小聪明戏弄人。一次,他出去游逛,看见一位貌美的少妇在木桥上淘米,便嬉皮笑脸地对她说:"有木便为'桥',无木也念'乔';去木添个女,添女便为'娇';阿娇休避我,我最爱阿娇。"少妇听后心里十分厌恶,瞪了那个财主少爷一眼,便毫不客气地回敬他:"有米便为'粮',无米也念'良';去米添个女,添女便为'娘';老娘虽爱儿,儿不敬老娘。"少爷讨了个没趣,灰溜溜地走了。

---

① 望文生义:只从字面上去理解某一个词句,作出不确切的解释。

第三课　词汇问题

课文一　古今词义的异同

　　语言是不断发展变化的，而词汇的发展演变更为突出，社会的发展变化，在语言中总是首先反映在一般词汇上。有些在古代较为常用的词，随着社会的发展变化，逐渐远离了人们的日常生活，在今天一般的交际中已不再使用，如尚书①、耜（sì）②、刖（yuè）③、祓（fú）④、钺（yuè）⑤等。另一方面，随着社会生活日益进步、科学技术不断发展，新的事物不断出现，用于指称它们的新词也因而不断产生，如电脑、网络、软件、信息、彩电、空调等。

　　除了旧词的日渐消亡、新词的不断产生外，词汇的发展演变还表现在词义的发展变化上。随着社会的发展、人类认识的进步，除了少数基本词汇外，大多数词的意义都发生了程度不同的变化，致使古今词义有所不同。古今词义的不同大致有以下几种情况。

一、词的义项增加或者减少

我们先看两个词义减少的例子。

1. 爱：古代"爱"的常用义有两个，一个是喜欢、喜爱。如：

《左传·隐公元年》："爱共叔段，欲立之。"

另一个意义是吝惜、舍不得。如：

《孟子·梁惠王上》："齐国虽褊小，吾何爱一牛？"

现代汉语中，"爱"没有吝惜、舍不得的意思，因而"爱"的词义是减少了。

2. 国：古代"国"有"国家"的意思，又有"国都"的意思：

---

① 古代官名。
② 古代的一种农具。
③ 古代的一种酷刑，砍掉脚。
④ 古代一种除灾祈福的祭祀。
⑤ 古代的一种兵器，形状像斧而较大。

《孟子·梁惠王上》:"寡人之于国也,尽心焉耳矣。"

《左传·隐公元年》:"先王之制,大都不过参(sān)国之一。"

现代汉语里,"国"只指"国家",词义减少了。

再看词义增加的例子。上面说的"爱",今天还有"常常发生某种行为"、"容易发生某种变化"义,这是后来产生的,古代没有。如:

这孩子爱哭。

铁爱生锈。

再如"池",古代有"护城河"(城门失火,殃及池鱼)、"池塘"(《孟子·梁惠王上》:"虽有台池鸟兽,岂能独乐哉?")二义;发展到现代汉语,"护城河"义消失了,另外又增加了"旁边高中间洼的地方"义,如"花池"、"乐池"、"舞池"等。

二、词义范围扩大、缩小或转移

所谓词义范围扩大,是指今义大于古义,古义包括在今义之中。如"江"在古代汉语中专指长江、"河"在古代汉语中专指黄河,但在现代汉语中,"江"、"河"则泛指河流。大致是北方全称河,南方全称江。又如"睡",在古代指坐着打瞌睡,《说文解字》:"睡,坐寐(mèi)也。"但在现代汉语中"睡"则不限于坐着打瞌睡。

所谓词义范围缩小,则是指古义大于今义,今义包括在古义之中。如"子"在古代汉语中包括儿子和女儿,现代汉语则只指儿子;"臭"(xiù)在古代汉语中指气味,现代汉语读chòu,专指难闻的气味;"丈夫"在古代汉语中是男子的通称,在现代汉语中则是指夫妻关系中男性一方。

所谓词义转移,是指词义中心转移,词义由指甲事物变为指乙事物,而甲事物和乙事物之间往往存在着一定的联系。如"走",在古代汉语中义为"跑"(成语"走马观花"中的"走"就保留了这一用法),但现代汉语则是"行走"的意思;"汤"在古代汉语中义为"热水"(成语"赴汤蹈火"中的"汤"即保留了这一用法),但现代汉语则指喝的"汤"(如菜汤、米汤、鸡蛋汤等);"狱"在古代汉语中指"诉讼、官司"(如文字狱、冤狱),在现代汉语中则指"监狱"。

三、词义感情色彩的变化

所谓感情色彩的变化，是指词义在古代是褒义到现代变成了贬义，或者在古代是贬义到现代则变成了褒义，在古代是中性的到现代变成褒义或者贬义。以下我们举例说明。

1. 爪牙：古代用于人时，指得力的帮手、助手，是褒义：

《汉书·李广传》："将军者，国之爪牙也。"

今天则指恶势力的党羽或坏人的帮凶，变成了贬义词。

2. 锻炼：古代有玩弄法律陷害人的意思，是贬义的：

《后汉书·韦彪传》："忠孝之人，持心近厚；锻炼之吏，持心近薄。"

而今天则用于"锻炼身体"、"锻炼意志"等，变成了褒义。

3. 下流：古代指地位卑微或处境不好，是个中性词：

《报任安书》："负下未易居，下流多谤议。"

但在现代汉语中则指道德品质恶劣，变成了贬义。

学习和掌握古今词义的异同，可以帮助我们正确地阅读、理解古代文献。同时，由于现代汉语的某些复音词、成语、惯用语保留了一些古义，因而学习和掌握古今词义的异同，还可以帮助我们更好地理解、掌握现代汉语词汇。

（据王若江主编《预料专业汉语教程》，北京大学出版社，2004）

课文二　"即"、"既"有别

戴梦霞

"即"和"既"这两个字，字形相近，读音相差不大，又都可以作副词用，所以在行文中往往容易混淆。

"即"，音jí，可以作动词，也可以作副词。作动词用时有两个义项。一个是"靠近"、"到"的意思，如：若即若离、成功在即、可望而不可即等。另一个是"就是"的意思，表示判断；往往在前后有两个名词性成分出现时，"即"插入其间，用后面的名词性成分来解释或说明前面的名词性成分。如：

暹罗（xiānluó），即今之泰国。

解放后的头一年，即1950年。

有时候为行文流畅，也可说成"即是"。如：

山后即是我军驻地。

"即"的这一义项还有一个"非……即……"的固定结构，用来表示选择，中间往往嵌入单音节词，相当于"不是……就是……"如：非此即彼、非打即骂等。

"即"作副词时是"就"的意思，表示动作在很短的时间内发生或者后一个动作紧接着前一个动作发生。如：知错即改、招之即来。这里"即"还可套用"一……即……"的格式，相当于"一……就……"。如：一触即发、一击即溃。

"即使"是个连词，往往与"也"或"还"搭配，组成表示假设兼让步的结构。"即使"，假设一种情况，"也（还）"表示结果不受这种假设的影响。如：

即使下雨也去。

即使与我无关，我还要管。

"即使"可与"即便"互换着用。

"既"，读jì，作副词时有"已经"的意思，如：既成事实、既往不咎。"既"常常跟"又"、"且"、"也"配合起来连接并列成分，表示不止一个方面。如：既生动又活泼；既高且大；既肯定成绩，也指出缺点。这里的"既……也……"要注意跟"即使……也……"区分开来。

"既"作连词时，相当于"既然"。前一小句用"既（然）"提出一个既定的事实，后一小句用"就"、"也"、"还"来呼应，推出结论。例如：

你既有病，就好好休息吧。

既然时间还早，我们何不再跑一趟？

从以上的分析可以得出结论：要区别"即"和"既"，应当从他们各自不同的意义和用法入手。

（据1995年第8期《咬文嚼字》）

词 语

1.	吝惜	lìnxī	过分爱惜，舍不得拿出（自己的东西或力量）
			~体力 / ~钱财 / ~金钱 / 毫不~地
2.	褊	biǎn	（书面语）狭小，狭隘
			性子~急 / 孤陋~浅 / 心胸~狭
3.	寡人	guǎrén	古代君主自称
4.	城门失火，殃及池鱼	chéng mén shī huǒ, yāng jí chí yú	殃，遭殃。比喻因牵连而受祸害或损失
5.	寐	mèi	（书面语）睡
	梦寐以求		做梦睡觉都想得到，形容非常渴望得到
6.	走马观花	zǒu mǎ guān huā	也说"走马看花"。比喻粗略地观察事物
7.	赴汤蹈火	fù tāng dǎo huǒ	比喻不避艰难危险
			~，在所不辞
8.	党羽	dǎngyǔ	指某个派系或集团首领下的追随者（含贬义）
9.	帮凶	bāngxiōng	帮助行凶或作恶的人
10.	玩弄	wánnòng	利用不好的手段，戏弄
			~花招 / ~阴谋 / ~文字游戏 / ~女性 / ~政治
11.	陷害	xiànhài	设计害人
			~好人 / 遭人~ / 受到~
12.	卑微	bēiwēi	地位低
			地位~ / 身世~ / ~的要求 / ~的生命
13.	行文	xíngwén	组织文字表达意思
			~流畅 / ~简练 / 为~方便
14.	混淆	hùnxiáo	混杂，界限模糊
			~是非 / ~视听 / ~不清
15.	若即若离	ruò jí ruò lí	好像接近又好像不接近
			他们在~的交往中感情日深
16.	可望而不可即	kě wàng ér bù kě jí	也写成"可望而不可及"。形容看起来可以实现而实际难以实现
			经理助理的位置，对他来说就像天上的月亮，~

17.	流畅	liúchàng	流利通畅 语言~ / 文字~ / 线条~
18.	嵌	qiàn	把较小的东西卡进较大的东西上的凹处 镶~ / 每一个车站上，设有电子呼叫装置。这种装置像一个路牌，上面~有市区地图、数字显示面板和按钮键盘
19.	一触即发	yí chù jí fā	比喻形势非常紧张，马上就要发生严重事情 两人之间的敌对情绪仿佛箭在弦上，~
20.	溃	kuì	冲破、溃散 精神崩~ / 击~敌人
21.	既	jì	已经 一旦~成事实，就无法更改 / 维护~得利益
22.	既往不咎	jì wǎng bù jiù	对过去的错误不再追究
23.	既定	jìdìng	已经决定的 ~目标 / ~方针 / ~国策 / ~计划
24.	呼应	hūyìng	一呼一应，互相联系或照应 相互~ / 遥相~ / 跟…相~

练 习

一 选词填空

呼应　吝惜　混淆　党羽　陷害　玩弄　流畅　卑微　行文

1. 遇到有困难的旅客，张海燕从不_____金钱，总要慷慨相助。

2. 严嵩掌权 21 年，把他的_____安插在朝廷重要职位，权力越来越大。

3. 他是一个非常善于_____文字游戏的狡猾政客，用"华丽词藻"蒙骗民众。

4. 她是个不得宠的妃子，怕住在宫里受吕后的_____，所以请求跟着儿子住在代郡。

5. 在每个时代都有高尚与_____的并存，先进与落后的同在。

6. _____流畅，结构清楚，写文章干干净净、清清楚楚是一种好习惯。

7. 因特网和电子游戏等营造的虚拟空间是否会给孩子造成与现实世界的_____不清？

8. 《读本》内容丰富，文笔_____，图文并茂，通俗易懂，具有较强的可读性和感染力。

9. 美国没有在和平解决朝核问题上积极_____韩国的立场。

二 写出下列成语中所缺的字，并将成语填到合适的句中

（　）马观花　　赴（　）蹈火　　相形见（　）

望文生（　）　　城门失火，（　）及池鱼

（　）往不咎　　若（　）若离　　可望而不可（　）

非此（　）彼　　一触（　）发

1. 他们在今年6月初也停产了。不是因为质量、生产有问题，只是一个问题：_____！那么多保健品都是假的，你还能是真的吗？

2. 你不可能总是_____，泾渭分明，不同的时候你要扮演不同的角色。

3. 大陆驻台记者一行11日对马祖列岛进行了9个多小时的"_____"式的采访，这也是大陆驻台记者首访马祖。

4. 学哲学的人应当把每一个哲学概念的确切涵义搞清楚，千万不可_____，想当然地滥用。

5. 为了人民的幸福和安宁，为了祖国的繁荣与昌盛，_____在所不辞！

6. 由于地理位置和历史的原因，英国同欧洲大陆的关系长期处于一种_____的态势。

7. 对这个国家的广大民众来说，"自由"和"民主"仍_____。

8. 双方都疯狂扩充海军，一时之间，大有战争_____的可能。

9. 他心里一直对老王有愧，现在见老王_____，主动来看他，心里也有些感动。

10. 她也是个明星级人物，不过收入同贝克汉姆的比起来，实在是_____。

三 辨析选择填空

致使　　导致

1. 车长一怒之下，狠狠打了他一个耳光，_____他右耳永远失去听觉。

2. 泰国对酒后驾车的规定并不十分严格，因此酒后驾车的人很多，_____交通事故频频发生。

3. 这个声明影响很大，使某些人为破坏会议而设置的障碍不能得逞，并_____当年8月1日的中美大使级会谈得以举行。

4. 就是这次情感危机，直接_____了我的学习成绩下降，以至于让我高考时名落孙山。

5. 我国毒物泄漏的情况也十分普遍，_____环境污染，对人体造成危害。

6. 粗略估计，由于食用碘盐，中国每天可使2万名新生儿免受缺碘_____的智力下降。

四 学生分组读课文不同段落，小组代表给全班同学讲解课文内容

要求：1. 小组合作，理清文章内容。
　　　　2. 设计呈现课文内容的合适方式。
　　　　3. 小组代表讲课时，注意板书清晰，有条理。

第四课 "迷你"解读

陈 奕

迷你裙的辉煌时代已经过去,但我依然怀念那随着风儿摇曳生姿的短短的裙儿。我儿时的梦想便是有一条迷你裙,穿上后我摇身一变,丑小鸭变成了白天鹅,所有的人为我着迷。自然,幼时的我想当然地认为迷你裙有着"一任群芳妒"的足够魅力,能吸引自己心仪的人的注目。现在的我虽然知道当年我的理解与原意是有距离的,但我依然认为我的理解不无道理。

"迷你"源于英文 mini,它具有极强的构词能力。Mini 有两个义项:一是"其一类中之小者",另一是"非常小的,小型的"。(参见《英汉辞海》)《应用汉语词典》:"迷你 [形] 意指微型的;同类中最小的:～电池|～手表|～裙。"上文提及的"迷你裙"实为超短裙,是个音义兼译词。

不知道是哪个聪明人发挥了独特的创造力,将 mini 舶进中国的同时将其译为"迷你",于是中国的市场到处可见"迷你电视"、"迷你组合音响"、"迷你 MP3"、"迷你收音机"、"迷你手机"、"迷你字典"等字样。高科技的发展使得产品越来越小,更好地方便人们的生活。网络则有"迷你城市"、"迷你软件"、"迷你网络杂志"、"迷你游戏王国"、"迷你影视在线"等等。往深处看,简简单单的"迷你"两个字有着极其深刻的内涵,它反映了一定的民族文化心理。

亚洲许多民族都存有一种"小"文化。既然是小的东西,必然匠心独运,自然精致,势必玲珑可爱。人们喜欢可以放在手中把玩的东西,如同艺术品一般欣赏玩味着。大,蓬勃豪迈;小,灵动优雅。但只有"小"才能诱发人们心底暗存的爱怜之心。以女性来说,她们大都钟情于"迷你"的小玩意,玩酷于"迷你"世界,如身上的小饰物,指甲艺术、睫毛彩绘、彩染文身、钻石文身等,"迷你"的艺术品使得自己在忙碌的工作中依然保持那份动人的纯真。爱美之心,人皆有之。不论是"迷你"的主体,或是观赏"迷你"的客体,都享受着美。"迷你"一词反映了人类的一种心态,即希望被关注、

被重视,希望自己是"迷"之源。

另外,"迷你"会给人带来心灵的悸动,为心找到一片温煦的家园、安静的乐土。千纸鹤和幸运星曾经在大街小巷随处可见,它寄寓着浓浓的思念;现在水晶花又悄然登陆,既小巧又纯洁,引人心生怜爱。只有借助于"迷你",人们才在一天辛苦劳作之后,抛却过于繁重的负累,求得自己暂时的一份宁静。此时的"我"成了"真我"、"本我",从而使"迷你"和"我"紧密联系在一起。高科技的发展,人本主义的兴起,使得原本巨大的东西越来越"迷你",我们在享受着文明成果的同时,让我们的心灵真正有了个家。

综上所述,"迷你"除了"小",还包含着"使你陶醉、使你着迷"的含义。"迷你"这个词显示了多么强大的魅力,因而各种媒体上纷纷出现。例如:

1. 当今世界从一件小商品的大小尺寸就可以看出科技行业的发展迅猛,如起初的收音机到后来的随身听、CD机,直到现在最迷你的MP3。(《申江服务导报》2001年5月30日)

2. 迷你组合音响主要功能是播放CD与收音。(《音像世界》2001年第5期)

但人们常有一种一哄而上的惯性,觉得这个词造得妙,就动辄"迷你",于是"迷你"铺天盖地而来。有人形容长得矮的男士为"迷你",这未免有侮辱之嫌。既然"迷你"的造词如此巧妙,又何必硬生生加以歪曲呢?所以,不能够凡是小的就用上一个"迷你",还是应当注意运用环境的。

(据2002年第4期《咬文嚼字》)

词语

1.	辉煌	huīhuáng	光辉灿烂;(成绩等)显著 取得~胜利/~的成绩(成就)/灿烂~的艺术
2.	摇曳生姿	yáo yè shēng zī	摇动而姿态优美 一群女子长裙如风,~/绿油油的菊花苗在微风中~

3.	着迷	zháomí	对人或事物产生难以舍弃的喜爱
			对…~ / ~于 / 让人~ / 为之~
4.	一任群芳妒	yí rèn qún fāng dù	陆游《卜算子·咏梅》中的一句，全诗为：驿外断桥边，寂寞开无主。已是黄昏独自愁，更著风和雨。无意苦争春，~。零落成泥碾作尘，只有香如故。
5.	心仪	xīnyí	心中喜欢
			对…~已久 / 令人~ / 自己~的大学
6.	舶	bó	航海的大船
			船~ / ~来品
7.	内涵	nèihán	概念的内容；内在的涵养
			~丰富
8.	匠心独运	jiàng xīn dú yùn	在文学艺术等方面独创性地运用巧妙的心思
9.	玲珑	línglóng	东西精巧细致
			小巧~ / ~剔透
10.	玩味	wánwèi	细细地体会其中的意味
			反复推敲~ / 值得~ / 让读者~ / 让人~再三
11.	蓬勃	péngbó	繁荣旺盛
			朝气~ / ~发展 / ~向上
12.	豪迈	háomài	气魄大，勇往直前
			~的气概 / ~的旋律
13.	优雅	yōuyǎ	优美高雅
			体态~ / ~的微笑 / ~地舒展双臂
14.	诱发	yòufā	诱导启发；导致发生
			~地震 / ~癌症 / ~社会问题
15.	饰物	shìwù	装饰用的东西
16.	睫毛	jiémáo	眼睫毛
17.	文身	wénshēn	在人身体上画或刺出带颜色的花纹或图案
18.	悸	jì	因害怕而心跳得厉害
			~动 / 惊~ / 心有余~ / 引起人们的心灵~动 / 心中一阵~动

19.	温煦	wēnxù	暖和
			~的阳光 / ~的爱心
20.	寄寓	jìyù	寄托
			~着…的理想（同情/思念/精神）
21.	登陆	dēnglù	比喻商品打入某地市场
22.	抛却	pāoquè	抛开，丢下
			~分歧 / ~私心 / ~旧有观念
23.	负累	fùlèi	负担
24.	综上所述	zōng shàng suǒ shù	总结上面所说的
25.	陶醉	táozuì	很满意地沉浸在某种境界或思想活动中
			令人~ / ~于…中
26.	一哄而上	yì hōng ér shàng	大家一起上，一起开始做某事，带贬义
			农民看到什么产品价格上涨，就~；价格下跌，又一哄而退
27.	动辄	dòngzhé	动不动
			现在物价太贵，~100元就花没了
28.	有…之嫌	yǒu…zhī xián	有…的嫌疑
			有夸张~ / 有欺骗~ / 有乱收费~ / 有炒作~
29.	歪曲	wāiqū	故意改变事实或内容
			~事实 / ~我的原意

练习

一 根据拼音写出汉字，选择对应的解释并填写在合适的句中

（1）wánwèi（　　）　　a. 温暖、暖和

（2）pāoquè（　　）　　b. 负担

（3）fùlèi（　　）　　c. 细细地体会其中的意味

（4）xīnyí（　　）　　h. 心中喜欢

（5）wēnxù（　　）　　e. 气魄大，勇往直前

（6）háomài（　　　　）　　　　　　f. 丢掉

1. 夏天，我飞到了泰国，终于见到了（　　　）已久的椰子树。

2. 它把我们带到那段历史中，同时也把我们带到一种文化中，这一感受是值得认真（　　　）、好好琢磨一番的。

3. 我们应当要像刘玲英那样（　　　）私心，时时处处把国家、人民的利益放在个人之上。

4. 一本优秀的少儿读物如同一缕缕（　　　）的阳光照亮千百万少年儿童的心灵。

5. 计划生育带给妇女与家庭的，不仅是摆脱了生育的（　　　），还有在观念上的巨大变化。

6. 晚会在《我的祖国》激昂（　　　）、气势恢宏的合唱中拉开了序幕。

二 选词填空

辉煌　　蓬勃　　诱发　　歪曲　　优雅　　内涵　　诱发　　寄寓

1. 自19世纪80年代到20世纪20年代，美国流行歌曲（　　　）发展，并与爵士乐合流，成为西方流行音乐的主流。

2. 日本科学家近日发现了（　　　）皮肤癌的物质，这对查明皮肤癌发病机理和开发新药大有帮助。

3. 通告说，天空电视台记者关于这一案件的报道（　　　）了客观事实，他们得出的结论没有任何依据。

4. 希腊人创造了（　　　）的古希腊文明，对世界许多国家的文化产生了深远的影响。

5. 女子高低杠比赛中，霍尔金娜虽然以（　　　）的古典芭蕾舞征服了全场观众，但由于难度不高，仅获得第四名。

6. 他们的旅游产品不再仅仅局限于单一的观光和度假，而是十分注重丰富产品的（　　　）和个性化。

7. "待到秋来九月八,我花开后百花杀。冲天香阵透长安,满城尽带黄金甲。"相传这是黄巢写的《咏菊》诗,诗中(　　　)着他推翻腐败的唐王朝的理想。

三 完成成语,并选择填空

摇(　　)生姿　　(　　)心独运　　小巧玲(　　)

心有余(　　)　　综上所(　　)　　一(　　)而上

1. 一种女人走路的时候就好像一块棺材板在移动一样,另外一种女人走起路来腰肢扭动得就像是一朵在风中(　　　)的鲜花。

2. 农民看到什么产品价格上涨,就(　　　);价格下跌,又一哄而退。

3. 我刚到北京,就遭遇暂住证办不下来而被警察带到警察局审问这样的事情,现在想来,仍然(　　　),让我不由得心酸。

4. (　　　),中国经济要持续、稳定、健康地发展,必须依靠科技进步,加速科技成果转化。

5. 整台晚会体现了导演的(　　　),镜头的变换与音乐的节奏、演员的特写构成比较和谐的整体,这在文艺晚会中颇有创新意义。

6. "迷你IPOD"是新一代的数字音乐随身听,(　　　)而容量巨大,是它的主要特点。

四 用指定的词语或格式完成句子

1. 为之着迷:

_____

_____

2. 让sb.陶醉在……之中:

_____

_____

3. 有……之嫌：

4. 动辄：

五　查资料，解释下列名词

1. 外来词（音译词、意译词、音义兼译词、音译加意译词、仿译词）：

2. 人本主义：

3. 陆游：

六　读课文，回答问题

1. "迷你"一词有几个意思？分别举例说明。
2. 根据作者的理解，中国人为什么喜欢"迷你"这个外来词？你同意吗？
3. 使用"迷你"这个词时，要注意什么？

七 扩展阅读

怎么看待字母词？

字母词指的是由字母构成或其中包含字母的词语。字母词可以分为两大类四小类：

第一大类：（1）GB（国家标准）、RMB（人民币）、HSK（汉语水平考试）等，这是汉语拼音的缩写词。（2）U 盘、X 光、A 股、B 超、IP 电话、T 恤衫、IC 卡、IP 卡（IP 电话卡）、POS 机（电子收款机）等，这是由字母和汉字组成的词。

第二大类：（3）GDP（国民生产总值）、CPI（消费者价格指数）、WTO（世界贸易组织）、ISO（国际标准化组织）、UFO（不明飞行物）等，这是国际通用的英语词。（4）DNA（脱氧核糖核酸）、EQ（情商）、FM（调频）、CT（计算机体层成像）等，这是专业的科技术语。这类字母词在相关专业的著作中是不能不用的，而且其中有些专业术语已经进入日常生活，变成了非专业词语。

第一大类是汉语词，只不过它的书面形式不完全是汉字，而是有字母。这样的汉语词谈不上"禁用"，完全可以自由使用。有关字母词的争论不涉及这一类。第二大类本来是英语词，如今已经进入了汉语文。如何对待这类词？是允许它们继续存在，还是不允许它们存在？这是有关字母词争论的焦点。

字母词作为普通话词汇的组成部分，不是近几年才有的，而是伴随着现代汉语的形成和发展不断地丰富和增加的。1929 年上海世界书局出版了《英文读音 ABC》，1929 年上海 ABC 丛书社出版了《文法解剖 ABC》、《文字学 ABC》，1936 年上海新文字书店出版了《北方话新文字 ABC》。这几种书名里的 ABC 就是字母词。新中国建立以来，汉语里的字母词由少到多，发展极为明显。"文革"前，常见的字母词只有"X 光"、"三 K 党"、"AB 角"、"维他命 A"等不多的几个，改革开放以来字母词泉涌般地出现，来势迅猛势不可挡，任何一位关心汉语文发展的人都不能视而不见，这是改革开放在汉语文上的反映。字母词的大批出现并不违反《国家通用语言文字法》。《国家通用语言文字法》不但确立了普通话和规范汉字的法律地位，而且明确了通用语言文字发展的方向，就是规范、丰富和发展。规范与丰富和发展是对立的统一，我们的语言文字不但要规范，而且要丰富和发展。如果通用语言文字做到了规范，但是贫乏、僵化，它也不能担负起交际的重任。通用语言文字的丰富和发展包括词汇和构词的丰富和发展，而深受社会各阶层喜爱的字母词促进了汉语词汇和构词法的丰富和发展。

字母词的优势是它的开放性与国际性。在实行改革开放以前，汉语文处于封闭或半封闭状态，所以字母词数量很少。实行改革开放以来，社会出现了许许多多前所未有的新事物、新观念、新理论、新时尚，其中相当大的一部分是从国外或港澳台地区引进来的。要表现这些新事物、新观念、新理论、新时尚，原有的汉语词不够用了，必须尽快解决这个矛盾。造新词需要很长时间，最迅速的办法是借用和引进。从外语里引进词语需要翻译，而外语词语翻译并不是一件轻易就可以做好的事。人们常说"一名之立，旬月踟蹰"，"一名之定，十年难期"。在科技飞速发展的时代，老牛拉破车的速度怎么能适应？在这种情况下，人们有时就不得不放弃翻译，直接引进用拉丁字母表示的词语。有人把 E-mail 译为"伊妹儿"。这个译名不能说不雅，可是人们还是钟情 E-mail，冷落"伊妹儿"。字母词是改革开放的产物，也是汉语文走向国际的产物。它突破了汉语词汇只能使用汉字的框框，为汉语词汇的发展打开了新天地。字母词多数来自英文，许多在国际上早已通用。语言词汇具有民族性，可是这类字母词已经突破了民族性，许多民族语言里都可以使用 NBA、IMF、GDP、CPI，为什么中国不能使用？中国的知识界，特别是年轻的一代，对于这些字母词早已是耳熟能详。他们接受这些字母词如水到渠成，势所必然，字母词大受欢迎也自在情理之中。

要想科学地评价字母词的优劣，就必须把封闭的眼光改换成开放的眼光。用封闭的眼光看待汉语书面语，汉语书面语自然应该是汉字的一统天下，为了汉语的纯洁，容不得字母词一类的异物混杂其间，可是如果改用开放的眼光来审视就不是那么一回事。不要忘记语言文字是社会的交际工具，它是发展的，而不是一成不变的。自鸦片战争以来的一百多年，汉语书面语已经发生了大变化，汉字文本中早已掺入了不少非汉字成分。掺入的成分主要有三大类，就是阿拉伯数字、标点符号和拉丁字母。这是进步，不是倒退。这三

大类异质成分的进入,提高了汉语书面语的表达力,使现代书面语的表达力大大超过了传统的书面语。试想,如果像京师大学堂成立时不用阿拉伯数字而用汉字数字来研究高等数学,我们的数学能跟上世界发展的速度吗?如果抛弃新式标点,只能使用传统的句读(dòu),或者干脆连句读都不用,我们的书面语还能阅读吗?如果禁止一切字母,只准使用汉字,是不是要恢复反切注音?在汉字不便使用或不能使用的领域,岂不是束手无策①了吗?字母词使用的拉丁字母不是中国固有的,而是从境外传来的。意大利传教士利玛窦在1605年用他自己设计的拼音方案拼写汉字文章,第一个把拉丁字母引入汉语文,至今已有400多年的历史。1958年全国人大一届五次会议通过的《汉语拼音方案》用的是拉丁字母,至今已经超过了50年。周有光先生说:"拉丁字母不仅是世界各国最通用的字母,而且是现代科学符号和科学术语所用的主要字母,因此它在国际文化交流上起着主要的作用。拉丁字母本身就是在文化交流和积累中不断完善的,而它又对文化的交流和积累发挥了推进的作用。"可是直到现在,有的人还用老眼光来看待拉丁字母,认为它非我族类。要禁止它,要把它关在门外,这在现实生活里是很难做到的。

　　封闭的眼光又常常和狭隘的语言纯洁观连接在一起。语言文字要保持纯洁,不要变得芜杂污秽,这种认识不能说没有道理。可什么是语言的纯洁,应该怎么样维护语言的纯洁,都是大可讨论的。如果把语言的纯洁理解为只有本民族的固有成分,没有一点外来的成分,这样的语言世界上是不存在的。美国语言学家爱德华·萨丕尔说:"语言,像文化一样,很少是自给自足的。交际的需要使说一种语言的人和说邻近语言的或文化上占优势的语言的人发生直接或间接接触。""很难指出有完全孤立的语言或方言。""一种语言对另一种语言最简单的影响是词的'借贷'。只要有文化借贷,就可能把有关的词也借过来。"一个比较封闭社会的语言受其他民族语言的影响较小,从其他民族里吸收到的营养成分也比较少。这种的语言似乎比较纯洁,但是它的表达力也比较弱,影响也比较小。相反,一个开放的民族,它与许多民族有频繁的接触,从其他民族的语言中吸收的营养成分也比较多,它的表达

---

① 束手无策(shù shǒu wú cè):没有办法。

力也比较强。这样的语言似乎不够纯洁，但它是发展的语言、强大的语言，也往往是有重大影响的语言。现代英语是准国际共同语，它的词汇有一半来自古英语和斯堪的纳维亚语，而另一半却是来自法语和拉丁语。其结果，英语不但没有成为芜杂污秽的语言，相反却成为十分发达、具有世界影响的语言。

周有光先生指出，当今的世界已经进入"双文化时代"和"双语言时代"。"每一个民族都有自己的传统文化，每一个民族都热爱甚至崇拜自己的传统文化。但是，在现代，任何民族都无法离开覆盖全世界的现代文化。环顾世界，到处都是内外并存、新旧并用，实行双文化生活。"当今的世界，不但有国家共同语，还有国际共同语。"在地球村里，民族繁多，言语各异。如果东村说的话西村听不懂，西村说的话东村听不懂，那么地球村就成哑巴村了。地球村必须有大家公用的共同语。""地球村的共同语不是开会决定的，而是由历史逐渐形成的。英语已经事实上成为地球村的共同语。"字母词的流行和这种双语言的大趋势分不开，"禁用字母词"的主张是和这种大趋势不一致的。

面对语文生活里不断增多的字母词，有人主张禁止使用字母词，用简称的汉字词取代字母词："至于暂时拿不出响亮又经济的简称的字母词，用其中文全称也未尝不可，虽费时低效，但信息更精确，语义更明朗，能较有效地提高交流质量，如把GDP改写或读成其全称'国民生产总值'。虽然比字母词多三个读音和三个方块字，但对听众或读者而言，其所包含的内容远比原字母词详尽，信息量也更大，还可以避免原字母词的非表意性，满足语言的大众化要求及语言交流过程中的清晰化需要。"持这种观点的人明知全称汉字词"费时低效"，可是为了抵制字母词还是主张使用，这也未免有些过分了吧？信息化社会追求的是"省时高效"，怎么能背道而驰①呢？至于说汉字词"所包含的内容远比字母词详尽，信息量也更大"，并没有根据。当前，GDP和"国民生产总值"哪个使用频度最高？2011年6月10日百度搜索得到的数据是使用GDP的有4610000篇，使用"国民生产总值"的

---

① 背道而驰（bèi dào ér chí）：比喻方向和目的完全相反。

有160000篇。"国民生产总值"的使用大大少于GDP。字母词和汉字词不但同样能做到"信息更精确，语义更明朗，能较有效地提高交流质量"，而且省时高效还能国际化。GDP已经成为普通话的基本词语，要人为地把它挡在汉语交际的大门之外是做不到的。人们还记得，几年前广电总局要求将NBA改为"美国男子职业篮球联赛"，结果除了难为那些体育主持人外，并没有多少人接受。

使用字母词也不是只有利而没有弊的，它毕竟是外来的东西。除了少数对英语极为熟悉的人以外，见到一个新的字母词多数人不知道表示的是什么意思。一段文章里有几个这样的词，这段文章就很难读下去了。我们也注意到有些字母词在汉语文中只是昙花一现①，但是总有一些生命力强的字母词会得到语言社会的认可。我们要极为仔细地观察语言社会对字母词的取舍，我们并不反对探索字母词汉语化的尝试，但是这种探索不是为了全面否定字母词，而是有所取舍。我们的目标是让汉语文成为规范、丰富和发展的语文，同义的汉字词和字母词的并存并用有利于实现这个目标。

（据《通化师范学院学报》2012年第1期苏培成《网络语言的规范化》）

---

① 昙花一现（tán huā yí xiàn）：比喻美好的事物或某种现象出现了一下，很快就消失。

第五课　成语的误用和滥用

吕叔湘

　　不知道从什么时候起，四个字的成语成了某些写文章的人的宠儿，成语这东西，偶一用之，并且用得恰当，的确有助于文采。可是，首先得了解这个成语的真正意义——成语是比字面上的意思要多点什么的。不懂得这个含义，就会用错。举三个例子。

　　（1）第一个例子是"东山再起"。这个成语的起源是东晋时候的谢安一度出仕，不久就辞官隐居东山（《晋书》作"东土"）。后来时局变动，他又出来做官，不久做了宰相。现在常常看见被人误用。例如说一个犯罪集团被破获：虽然余党暂时销声匿迹，可是不知道什么时候又会东山再起。把溃散的匪徒比喻为隐居的名士，显然是不恰当的。

　　（2）第二个例子是"偃旗息鼓"。1985年5月31日《人民日报》第三版有一条新闻，标题是《全国武术比赛偃旗息鼓》。这是什么意思呢？是不是比赛遇到了障碍？还是谁下了停止比赛的命令？没有呀。那为什么要"偃旗息鼓"呢？再看新闻的正文，原来是："本报银川5月30日电：精彩纷呈、场场爆满的全国武术比赛今天在这里圆满结束。"难道"偃旗息鼓"就是"圆满结束"的意思？查查《辞源》看，《辞源》在"偃旗息鼓"这一条中引了两个出处：《三国志·卷三十六·赵云传》注引《赵云别传》："更大开门，偃旗息鼓，公（曹操）军疑云有伏兵，引去。"——赵家军和曹家军的仗没打成，谈不上圆满结束。《旧唐书·卷八十四裴光庭传》："突厥受诏，则诸蕃君长必相率而来，虽偃旗息鼓，高枕有余矣。"——不用打仗了，也就无所谓结束了。《辞源》还附带说明："也作卧旗息鼓，见《三国志·诸葛亮传》。"引的就是后来京戏里《空城计》的故事，也是仗没打成。敢情"偃旗息鼓"跟"圆满结束"不是一回事，中间不能画等号。

　　（3）第三个例子是"成也萧何，败也萧何"。《人民日报》1988年2月14日第一版有记者访问雷宇的谈话记录。记者对雷宇说："说得更为坦率

而具体些,在权力的使用方面,你既有经验,也有教训。成也萧何,败也萧何,人们更关心你对使用权力的看法,做成功的萧何而不做失败的萧何。"这可就大大地误会了。"成也萧何,败也萧何"是说韩信的遭遇:当初投奔汉王刘邦,登坛拜将,是由于萧何的推荐,后来让吕后诓去杀了也是萧何出的主意。

有时候记忆不真,胡乱篡改,使成语不成为成语。例如:

(4)"巴"片(按:指影片《巴山夜雨》)获得的诸项大奖实是名至实归的。(1981年6月20日某报,报名失记)

"实至名归"是成语,意思是质量高了,名气自然就大了。"名至实归"怎么讲呢?难道可以说名气大了质量自然就高了吗?

至于把成语里的字写错,那也是常见的。例如把"振振有词"写成"阵阵有词",把"长此以往"写成"常此以往"等等。有两个成语的写法恐怕已经难于改过来了:"毕恭毕敬"(原为"必恭必敬")、"不咎既往"(原为"不咎既往")。

还有一种毛病是把四个字的成语去掉一半用一半。有两个例子:

(5)华罗庚不渝地深入生产实际找课题的精神也受到党和国家的高度评价。(《人民日报》1985年2月4日第三版《在千百万人之中》)

(6)世上没有十全十美的人和事,没有现成的幸福,全靠想得开,靠相互谅解,靠争取,靠奋斗……唉,我也说不好,反正你心领就是了。(《当代》1984年6期199页)

例(5)是把"始终不渝"的"始终"去掉,只剩下"不渝"二字,没法儿讲。例(6)把"心领神会"的"神会"去掉,只剩下"心领"二字,倒是可以讲,却是另外一种意思了。《现代汉语词典》:【心领】客套话。用于辞谢别人的馈赠或酒食招待。

还有一件事情需要注意的是,现代的读者对于古典文学不一定熟悉,因而在文章里用成语要考虑到读者即使不知道这几个字的来源,也能懂得它的意思。忘了是(20世纪)50年代的哪一年,在报上看见一条新闻的标题,是《伊拉克山雨欲来,近二百名军官被捕》。如果作者不给读者一点帮助,许多读者是不会真正懂得"山雨欲来"这四个字的涵义的。但是这条新闻本身只说:"伊拉克当局逮捕了伊拉克陆军的192名军官,罪名是策划政变。正在继续大批逮捕爱国人士。"读者还是不懂标题里那四个字是什么意思。如果能在最后加上一句"伊拉克政局大有'山雨欲来风满楼①'之势",读者就明白了。否则,最好不要在标题里边用上这四个字。

最后,对爱用成语的同志们说几句也许是不中听的话。不错,汉语有丰富的宝贵遗产,值得我们骄傲。可是毕竟一个时代有一个时代的语言,现代人说现代话,听起来有一种亲切感,好得很,干吗老想掏老祖宗的兜呢?依我说,我们做人要做现代人,写文也要写现代文。多向前看,少向后看,这不很好吗?

(据《吕叔湘文集》,商务印书馆,1992,标题为编者所加)

作者简介

吕叔湘(1904—1998),江苏省丹阳市人。中国当代著名语言学家、教育家。代表作《中国文法要略》、《语法修辞讲话》(与朱德熙合著)、《现代汉语八百词》(主编)。

词 语

1.	文采	wéncǎi	写作诗文的才能 富有~ / ~斐然
2.	东山再起	dōng shān zài qǐ	比喻失势之后重新恢复地位,或失败之后重新取胜
3.	出仕	chūshì	出来做官
4.	隐居	yǐnjū	由于对统治者不满,或者有厌世思想而住在偏远的地方,不出来做官
5.	时局	shíjú	当前的政治局势 ~动荡 / 扭转~
6.	破获	pòhuò	破案并抓获犯罪嫌疑人 ~刑事案件 / ~毒品走私大案
7.	余党	yúdǎng	剩下的党羽

---

① [唐]许浑《咸阳城东楼》诗句:一上高楼万里愁,蒹葭杨柳似汀洲。溪云初起日沉阁,山雨欲来风满楼。

8. 溃散	kuìsàn	（军队）被打垮而逃散
		信心~
9. 匪徒	fěitú	强盗，危害百姓的坏人
10. 名士	míngshì	旧时指名望很高而不做官的人
11. 偃旗息鼓	yǎn qí xī gǔ	放倒军旗，停止战鼓，停止战斗。现多指停止批评、攻击等
12. 纷呈	fēnchéng	纷纷呈现
		精彩~ / 异彩~ / 惊险~ / 流派~
13. 成也萧何，败也萧何	chéng yě xiāo hé, bài yě xiāo hé	比喻事情的成败与好坏都是由同一个人或同一个原因造成的
14. 诓	kuāng	骗
		~骗 / 别~我
15. 篡改	cuàngǎi	用作伪的手段改动
		~证据 / ~他人作品
16. 实至名归	shí zhì míng guī	有了真正的学识、本领或成就等，相应的声誉就会随之而来
17. 振振有词	zhèn zhèn yǒu cí	形容理由似乎很充分地说个不停
		~地说 / ~的辩论

练 习

一 选词填空

篡改　破获　文采　诓　溃散　时局　匪徒

1. "西安事变"的和平解决成为扭转_____的关键，是中国由十年内战走向抗日战争的转折点。

2. 在语言上，散文注重_____，不像小说那样以故事情节吸引读者，也不像戏剧那样以戏剧冲突来赢得观众。

3. 2004年1月至10月，全国公安机关共_____刑事案件200万起。

4. 在此情况下，外资出逃和岛内投资人信心_____，导致台湾股市暴跌。

5. 十几名持枪_____闯进毛毯批发市场仓库大门。

6. 某企业被南方客商_____去南方做买卖，南方客商许诺他诱人的条件，结果却是成本发票都被骗走了。

7. 任凭他们如何歪曲和_____，历史事实终归都是改变不了的。

二 完成成语，并选词填空

（　　）旗息鼓　　必（　　）必敬　　山雨（　　）来风满楼　　振振有（　　）

实（　　）名归　　成也萧何，（　　）也萧何　　精彩（　　）呈

1. 十次失败不足以让他正视现实，两年的沉寂更不说明他会_____。

2. 可谓_____。他的成功缘于这个"城"，最终也毁在这个"城"里。

3. 夜莺的声音，向来都给大家留下深刻的印象，这次比赛她夺取冠军是_____。

4. 每每和杨家保谈起对市场的前景设想与开发，他都是胸有成竹，_____，滔滔不绝。

5. 贵宾们都站起身来，_____地向她问好，给她让座。

6. 6个年轻的工程师几乎同时提出调走的时候，厂里如_____，人人都不能安心工作了。

7. 晚会节目_____，秘鲁的著名歌舞艺术家表演了来自不同地区的民族歌舞。

三 从课文里选择合适的成语填在句中

1. 这样干了半年，我开始着急。我知道_____，我会离我当初来北京时的目标越来越远。

2. 中国_____地奉行独立自主的和平外交政策。

3. 有些事情到了微妙处，往往难以用语言表达，只可_____。

4. 他们认真总结经验教训，准备_____。

四 读课文，回答问题

1. 作者谈论成语的运用问题，谈到哪几个方面的问题？
2. 根据作者的意思，错误运用成语时主要有几种情况？分别举例说明。

五 查资料，解释下列名词

1.《三国志》：

2.《辞源》：

3. 空城计（诸葛亮）：

4. 韩信：

5. 萧何：

6. 刘邦：

六 模拟学术报告

请根据课文内容，扮演吕叔湘先生，给中学生听众讲一讲运用成语的问题

要求：两人一组：一人做演讲人，一人做主持人。

时间：10—15分钟。

要重点突出，条理清晰。

使用课文里的词语。

主持人的责任：

（1）在演讲开始前，对演讲人做简单介绍。

（2）在自由提问环节主持提问。

（3）在演讲结束时，对主持人的演讲做一个简要的总结，并且致谢。

七 扩展阅读

怎么辨析成语的误用？

赵丕杰在《成语误用辨析200例》中，谈到运用成语时要注意以下十个方面。

一、准确理解成语用字的文言义

许多成语都有很长的历史，它的字有不少用的是文言义。如果用现代白话的意义来理解这样的字，必然要产生差错。例如"差强人意"的意思是"大体上还能使人满意"，可是经常被误解为"不能令人满意"。

例如："反腐斗争上投入了不少成本，花了不少力气……天天反腐时时倡廉，但效果却差强人意。"

"差"是多音多义字，读 chā 时，在古汉语中有一个副词义，相当于"颇"、"稍微"、"差强人意"中的"差"正是大体、稍微的意思。

二、准确理解成语里关键词的含义

如"首鼠两端"这条成语的关键在"首鼠"二字。"首鼠"义同"踌躇"、"犹豫"、"首鼠两端"就是犹豫于两者之间。有人没有弄清这一点，把"首鼠两端"误解为"言行不一"。

例如："当奥巴马与中国的握手还余温未散之时，美国国务院就在本月

初发出消息说政府将开展新一轮对台军售行动。作为当今世界上的超级大国如此首鼠两端、朝三暮四，怎能不令世人惊讶。"

行文中"首鼠两端"与"朝三暮四"连用，更足以说明作者确实是把"首鼠两端"误解为"言行不一了"。

三、弄清成语里包含的典故

有些成语来自典故，不明典故，成语的意义自然也难于明了。如"举案齐眉"这个成语出自《后汉书·逸民传》："（梁鸿）为人赁舂，每归，妻为具食，不敢于鸿前仰视，举案齐眉。"说的是东汉人梁鸿受雇为人舂米，每次收工回来，他的妻子孟光都为他准备好饭食，把托盘举得同眉毛一样高，以示对丈夫的敬重（案：古代端饭菜用的矮脚托盘）。后人就用"举案齐眉"形容妻子敬重丈夫，泛指夫妻互敬互爱。

有人不了解"案"是什么，误以为不管什么东西只要举得同眉毛一般高，就叫"举案齐眉"。例如："倘若选个日子海峡两岸，世界华人一起祭祖……大陆十三亿对岸二千万一起举案齐眉，共同纪念一个老祖宗，应该更有意义。"

四、全面理解成语的结构，不要断章取义

如"不绝如缕"原作"不绝如线"，出自《公羊传·僖公四年》："夷狄也，而亟病中国；南夷与北狄交，中国不绝若线。"意思是就像只有一根细线连着，差一点就要断了。后来写作"不绝如缕"（缕：细线）。理解"不绝如缕"的关键，是要弄清它所描绘的状态：既不是已断，也不是不断，而是将断未断，随时可断。

现在有些人根本没有读懂这条成语，错误地把它同"接连不断"、"连绵不绝"、"络绎不绝"混为一谈。例如："进入21世纪以来，有关在外经商的中国人受到驻在国官方和民间双重侵害的新闻报道不绝如缕。"所以误用，是因为只看到"不绝"，而忽略了"如缕"。这种类型的误用，可以称之为"断章取义"，即只看到成语中某个字的意思，便误认为是整个成语的意思，而所忽略的往往恰恰是最关键的字。

五、全面理解成语的意义，不要望文生义

如"目无全牛"，出自《庄子·养生主》："始臣之解牛之时，所见无非牛者；三年之后，未尝见全牛也。"后来就以"目无全牛"比喻对事物的整体和各个组成部分之间的关系已经了如指掌，因而处理起来极为准确熟练。

有人望文生义，想当然地把它理解为只看到局部而看不到整体，只见树木不见森林，误用这个成语。如："这种'目无全牛'的'零件主义'带来的恶果就是：作为市场最重要的主体的消费者却被忽视，产品设计缺少人性化，价格偏离产品价值本身，有的甚至出现严重的质量问题。"

六、区分成语的褒贬色彩

许多成语带有明显的褒贬色彩，这种色彩是语言社会约定俗成的，个人不得随意改动。常见的误用是褒义成语用于贬义。如："'方兴未艾'是一条色彩鲜明的褒义成语，不能用于贬义。有人没有注意到它的感情色彩，不管什么事物正在发生、发展，都拿来使用，以至造成误用。请看例句：'新流感方兴未艾，出现了第一个死亡病例，震撼全岛。'"

也有的就是贬义成语用于褒义。如"罄竹难书"带有明显的贬义色彩，有人却出现这样的误用："有很多我们的志愿者团体，不管是政府代表或者是民间企业帮忙等等，这些都是罄竹难书，非常感人的成功故事。"

七、遵守成语的使用条件

每条成语在使用时都有一定条件，不过有的条件明显，有的条件不十分明显。对那些使用条件不十分明显的成语，人们容易用错。如"投鼠忌器"中，"鼠"是投掷的对象，比喻要打击的坏人；"器"是鼠身旁的器物，比喻打击对象身边的人，特别是他所依附的或无辜的人。有的辞书把这条成语释为"比喻有顾虑，想干而不敢干"，这样的解释很容易对使用者造成误导。如果解释为"比喻想打击坏人，又有所顾忌，怕会伤害别的无辜的人和牵涉别的事"，便比较准确了。

八、把握成语的适用范围

比如"济济一堂"主要形容人才很多，扩大一点也可以形容人很多，但

是绝不能形容事物很多。不恰当地扩大它的使用范围，就会造成误用。看一个例子："各地的奇瓜异果，特色小吃济济一堂，市民大饱口福。"这个句子里"济济一堂"用来形容瓜果和特色小吃很多，是不恰当的。

九、认清成语的适用对象

如"反戈一击"的对象必须是自己原来所属的或拥护的一方，只有背叛了原来的一方倒向敌对的一方，才有可能回过头来反戈一击。现在有人没有弄清这一点，把"反戈一击"同"反击"混为一谈，以至造成误用。如："足球就是这样，你不进球，别人就会反戈一击。"这个句子里的"反戈一击"应该改为"反击"。

十、辨析近义成语

对同义词或近义词进行辨析，大家都很熟悉，而对于同义成语或近义成语的辨析，人们做的较少。如"额手相庆"同"弹冠相庆"只差两个字，但是区别恰恰就在这两个字上："额手"的意思是双手合掌加额，是古人表示敬意或庆幸的习惯动作；而"弹冠"是掸掉帽子上的尘土，准备做官。所以"弹冠相庆"表示的不是一般的"相庆"，而是因即将掌权或得势而"相庆"。有些人只看到"相庆"，而没有理解"弹冠"，以至把两条成语混为一谈。

再如形容费尽心思的成语很多，如褒义的有"殚精竭虑"，中性的有"煞费苦心"、"绞尽脑汁"、"千方百计"，贬义的有"挖空心思"、"费尽心机"等等。这些成语感情色彩不同，意思大同小异，可以根据不同的语境灵活选用。多掌握一些近义成语，使用起来就会得心应手，左右逢源了。

（据《语文建设》2012第2期苏培成《怎样辨析成语的误用》）

第六课　谢　安

　　谢安在兄弟中排行第三，但却比他的兄长们更有名气。他自幼聪明多智，4岁时，有一天被当时的尚书吏部郎桓彝（即桓温父）看到，桓大人大发赞叹："这孩子风俊神清，以后肯定不啻于王东海（王东海即王承,是晋一代名臣）！"稍大一些，谢安更出落得聪慧敏悟，气宇非凡，甚至连当时的著名丞相王导都知道他，以至于当时的学童连他的读书音都竞相仿效，蔚成时尚。

　　谢氏渡江后，寓居在会稽（今浙江绍兴）。会稽山清水秀，从来就是一方名士乐居的沃土，而此地的东山就因为谢安年轻时隐居于此而声名大振。谢安年轻时无意仕途，每天除了跟支道林、王羲之、许询、孙绰、李充等名士一起谈文论诗、畅谈玄理之外，还经常与他们一道游赏山水，借以自娱。王羲之的代表作《兰亭序》就是他于永和九年（公元353年）三月三日与这班朋友雅会兰亭时所作，谢安也吟诗作文，以尽雅兴。

　　在谢安盘桓东山、放情山水的时间里，还发生过这样一件事：有一次，他和孙绰相约泛舟海上，不料后来起了风浪，一时间波涛汹涌，浪卷云翻，同伴都大惊失色，想要马上返回。只有谢安一个人游兴正浓，吟诵诗文，若无其事。划船的老头看他相貌安闲，神色愉悦，便继续向远方划去。直到风急浪猛，小舟像一枚树叶在惊涛骇浪间翻转的时候，其他人惊恐万状，站起来喊叫，谢安却从容地说："如果都这样乱成一团，我们就回不去了。"大家才平静下来，船得以平安驶回。就是从这件事上，大家才认识到他的心胸胆量，足以镇安朝野。

　　青年谢安以其名士风度闻名于当时，就在他流连于会稽山水的时候，也曾多次接到举荐信，请他出山做官。第一次是当他年仅弱冠时，扬州刺史庾冰听到他的声名，几次下郡县敦请逼迫他做自己的属下。在万不得已的情况下，谢安只好告别自己喜爱的家园乐土前去赴召。可是才过了一个多月，他便打道回府了。另一次是在七年后，大将军桓温征伐蜀汉时也关注到谢安的盛名，就上报朝廷让谢安做他的司马，谢安这回更加干脆，以世道难行为缘由，

婉言拒绝了桓温的好意。

当时的谢氏家族,有很多人已做了高官。谢家门前经常是车水马龙,门庭若市。有一次,谢安的夫人刘氏指着那些富贵的本家兄弟悄悄跟他开玩笑:"大丈夫难道不应该这样吗?"谢安听罢,手掩鼻口说:"恐怕我也不免要这样。"

尽管他知道自己为了家庭的崛起不免要出仕,却仍旧屡次拒绝朝廷的征召。当时有人很有感慨地说:"安石不肯出,天下百姓可怎么办呢?"但也有人认为他不尊重朝廷,竟连续几次弹劾他,并要朝廷对他施加禁锢,限制活动自由。面对外界的种种反应,谢安依旧稳如泰山,淡若池水,对此根本不屑一顾,直到他的弟弟谢万出事。

谢万是西中郎将,并监管青、豫、冀、并四州军事,但他自高自大,不懂得亲待部将。谢安虽然多次劝说,他仍不听忠告,最后终于在一次战斗中兵败而遭到废黜。谢万被废黜后,谢安为了保持家族地位,更为了使其经略得以致用,才决定步入仕途。他最初担任桓温征西大将军府的司马,后任吴兴太守、侍中、吏部尚书、中护军直至宰相,短短数年间,谢安由文士变成一人之下万人之上的赫赫有名的宰相。可谓是仕途辉煌,一路顺风。

词 语

1.	不啻于	bú chì yú	不亚于,不比…差 5万美金的年薪对于我来说~一个天文数字,但我留学不为别的,是为了更好地为我的祖国服务。所以,我还是决定回国工作
2.	出落	chūluò	青年人(多指女性)体态容貌等方面向好的方向变化 她今年已19岁,~得十分潇洒漂亮,讲一口出色的德语,现正在维也纳大学学习/十年前,她还是个小女孩,如今,她已~成一个漂亮的大姑娘

3.	聪慧	cōnghuì	非常聪明
			~好学 / 天资~
4.	气宇	qìyǔ	气度
			~非凡 / ~轩昂
5.	竞相仿效	jìng xiāng fǎng xiào	大家抢着模仿
6.	蔚成时尚	wèi chéng shí shàng	形容一种事物逐渐发展并形成时尚
			蔚成风气 / 蔚然成风
7.	声名大振	shēng míng dà zhèn	变得名声很大，出了名
			她花4周的时间写出第一部小说《您好，忧伤》，连自己也不曾想到因此~
8.	仕途	shìtú	做官的路
			~生涯 / 走上~ / 步入~ / 无意~
9.	畅谈	chàngtán	尽情地谈
			~理想 / ~国事
10.	雅兴	yǎxìng	高雅的兴趣
			我国人民自古以来就有爱兰、赏兰、养兰的~和传统 / 至此，先生仍~不减，又写一幅日本五言汉诗赠我
11.	盘桓	pánhuán	逗留徘徊
12.	大惊失色	dà jīng shī sè	因为非常吃惊或害怕而变了脸色
			当晚，父亲得知儿子杀人，~，心想大儿子若去偿命，丢下寡妇和三个孤儿如何生活？
13.	若无其事	ruò wú qí shì	好像没有发生什么事情一样
			~的样子 / ~地 verb
14.	安闲	ānxián	安定悠闲
			~度日 / ~自在 / ~的晚年生活
15.	惊涛骇浪	jīng tāo hài làng	凶险而使人害怕的波浪，比喻险恶的环境或遭遇
			对于在海上作业的船员而言，他们早已见惯海上的~

16.	弱冠	ruòguàn	男子20岁行冠礼，表示已经成人。因为还没到壮年，所以叫弱冠。后泛指男子20岁左右年纪
			年仅~
17.	敦请	dūnqǐng	诚恳地邀请
			国民党政府和蒋介石本人三次致电在美国的胡适，~其出任驻美国大使
18.	万不得已	wàn bù dé yǐ	实在没有办法，不得不这样
			在~的情况下/除非~/不到~之时，不…
19.	打道回府	dǎ dào huí fǔ	旧时官员外出或返回时，让差役在前面开路，让人回避。现可泛指返回或回家
20.	征伐	zhēngfá	讨伐
21.	车水马龙	chē shuǐ mǎ lóng	形容车马或车辆很多，来往不绝
			~的都市/~的繁忙景象/大街（市场）上~
22.	门庭若市	mén tíng ruò shì	门口和庭院像热闹的市场一样，形容交际来往的人很多
23.	崛起	juéqǐ	山峰等突起；兴起
			随着经济的高速发展，中国正在重新~，已是不争的事实/现代基因工程的~，为人类创造灵丹妙药提供了崭新的手段/为中华之~而读书
24.	弹劾	tánhé	旧时指担任监察职务的官员检举官吏的罪状，现也指某些国家的议会抨击政府工作人员
			范缜的无神论主张遭到统治者的妒恨，终于被~罢官，流放到广州，不久便去世了
25.	禁锢	jìngù	束缚
			思想~/文化~/意识形态~/打破~
26.	不屑一顾	bú xiè yí gù	连看都不屑于看，形容因轻视或认为不值得而完全不在乎

		对…~ / ~地 verb
27.	自高自大 zì gāo zì dà	形容自以为了不起，骄傲自满 ~的作风 / ~的神气
28.	废黜 fèichù	罢免革除（官职） ~太子 / ~国王 / ~总统职位 / ~共和制
29.	赫赫有名 hè hè yǒu míng	非常有名 他在省城经济界里是~的人物，大家都知道他是谁

句式例解

1. 谢安经常与他们一道游赏山水，借以自娱

借以：借助……来（达到某个目的）

（1）在剩下的时间里，我就强迫自己躺在床上看杂志，借以打发这茫然无措的日子。

（2）在摄制组内，导演拥有最后裁决权，借以保证影片的艺术风格和样式的完整统一。

（3）社火一般都在风调雨顺的年景举行，丰收的农民借以表达喜悦之情。

2. 谢安也吟诗作文，以尽雅兴

以：来，后面接行为的目的

（1）他们率军驻守西藏地区的东部边缘，逢西藏有事，即可就近入藏，以尽镇戍边疆的职责。

（2）送父母燕窝礼盒以尽孝心，送年轻朋友即食芦荟礼盒以助其美容。

（3）加水300毫升冲泡15分钟，早晨空腹服，1次服完，然后慢跑，以助肾结石排出，每日1剂。

3. 大家才平静下来，船得以平安驶回 / 更为了使其经略得以致用，才决定步入仕途

   得以：能够

   （1）他们为我开的工资很诱人，靠着这笔工资，我得以过上了白领一族的生活。

   （2）王治郅凭他在2000—2001赛季最后几场的表现，最终得以加入小牛队。

   （3）由于沿途可行之道多为敌人封锁，红军不得不以小部队牵制敌人，使主力得以安全转移。

   （4）细胞工程中染色体添加技术的发展，使得无籽西瓜得以问世。

4. 谢安以其名士风度闻名于当时

   以……闻名于：凭借……而在（方面）非常出名

   （1）黄河不但以"地上悬河"闻名世界，而且还是输沙量最大的河流，素有"一碗水，半碗泥"的说法。

   （2）黄山以奇松、怪石、云海、温泉"四绝"闻名于世，被誉为"天下第一奇山"。

   （3）山东省会济南，被称为"一城春色半城湖"的城市，以"泉城"、"泉都"闻名于世。

5. 谢安这回更加干脆，以世道难行为缘由，婉言拒绝了桓温的好意

   以……为缘由：把……作为理由或借口

   （1）乔正天以子女快要成家立室、落实他老太爷的地位与尊严为缘由，决心改建居所，将半个山头归乔氏所有。

   （2）我们约上另二位诗人前往部队签名赠书，以此为缘由，顺便就可以让傅海涛一起去部队，看一下马玉鸣。

   （3）1915年，袁世凯策划复辟帝制，段祺瑞以生病为缘由，没有参加拥护袁世凯称帝的活动。

练习

一　选词填空

出落　盘桓　敦请　弹劾　聪慧　征伐　禁锢

1. 一晃9年过去了，邹颖已（　　）成为一个亭亭玉立、楚楚动人的女孩，追求者众多。

2. 他自幼（　　）好学，六岁读经书，八岁能文章，曾拜康有为做老师学习"新学"。

3. 他已在广场（　　）了四个多小时，仍不愿离去。

4. 杨教授在介绍了著名青年发明家周林的频谱仪专利被侵权的问题之后，郑重（　　）最高权力机构依法保护发明创造，保护科学家的智慧。

5. 刘备把诸葛亮留在成都辅佐太子刘禅，亲自率领大军去（　　）东吴。

6. 电视台披露了总统受到竞选捐款人要挟等丑闻，80多名议员表示支持（　　）总统。

7. 在社会主义制度下，中国妇女曾被（　　）的聪明才智极大地释放出来。

声名大振　惊涛骇浪　竞相仿效　蔚成时尚　气宇非凡

8. 张爱玲的魅力如此，也难怪多少人或有意或无心地（　　）。然而不管模仿者有多少，张爱玲只有一个。

9. 我们希望追求新知，崇尚科学，尊重人才，（　　），成为更多人自觉的要求和行动。

10. 托马斯·曼于1901年发表了长篇巨著《布登勃洛克一家》，（　　）。从此确立了他在文坛上的地位。

11. 路上虽然遇到几次（　　），但是船上有的是经验丰富的老水手，船队从没出过事。

12. 这名男子（　　），从容地站在泰山顶上眺望山下，似是怀着鸿鹄之志，我想他必定是个大有作为的人。

二 请用合适的成语替换画线部分

1. 在现代社会里，复古已经形成一股流行的打扮。（　　　　）

2. "这幅画色彩单调，线条生硬，这个家伙根本就不会画画。"那名大画家看也不想多看，轻视地评论着。（　　　　）

3. 有时候，学生成绩好，或者在班上领先时，就很容易目中无人，自以为了不起，开始瞧不起其他同学，这就会使他在班上的人缘变差。（　　　　）

4. 自以为是的人自尊心特别强烈，只有在实在没办法的情况下才会去求助他人。（　　　　）

三 从课文里找出成语完成下面的句子

1. 妈妈听到我的想法_____，说："千万不要乱来，不然要出人命的。"

2. 他强调说，这种"活抗生素"只有在_____的情况下才可使用。

3. 有些事是那些部长、司长、局长都_____的琐事、小事，可周恩来不但乐于管，而且管得仔细认真。

4. 说起跳水，这里连小孩子都知道，_____的"跳水皇后"高敏就是他们的老乡。

5. 杭州吉祥婚庆服务部_____，既要接待前来咨询的顾客，又要准备新婚夫妇的全套婚礼服务。

6. 张巡一听，肺都气炸了。但是表面上装作_____，答应明天跟大伙一起商量。

7. 北京是我的梦开始的地方，面对这个高楼林立、_____的大都市，我踌躇满志，梦想着在这里创造些什么，留下点什么。

8. 他这人_____，自以为"老子天下第一"。

四 辨析填空

盘桓　流连　徘徊

1. 我们在西藏墨脱（　　）的 20 天里，走村访寨，时闻朗朗读书声。
2. 这件事一直在我心头（　　），夜里睡不着觉。
3. "新欧洲"是那些积极与英国合作的欧盟新成员，他们在欧洲一体化进程中犹疑（　　）。
4. 1997 年开始，全社会消费品零售额从前 4 年年均 20% 突然下跌到 10.2%，此后一直在 10% 以下（　　）。
5. 我国明代著名航海家郑和下西洋时，与随行者一起品尝了一种不知名的大型球果，（　　）忘返。于是郑和便为它取名"留连"，就是今天的榴莲。

畅谈　聊

6. 与会者追忆先辈的英雄事迹，（　　）国家的发展与建设。
7. 在这场演讲中，他从一名科学家和科技管理工作者的角度，向大学生们（　　）了自己对科学的思考。
8. 走过电影制片厂的大门口时，你会发现那里聚集着很多人，他们（　　）的内容是电影应该如何拍，如何才能抢上镜头。

吟诵　朗诵

9. 人们（　　）唐诗、鉴赏唐诗、研究唐诗，蔚成风气。
10. 残疾人艺术团的演员们为大家表演了（　　）、独唱、时装表演、手语舞蹈等节目。

聪慧　智慧

11. 少年时代的梁启超就以勤奋好学，（　　）过人而闻名家乡，写出来的文章和诗词，常常连成人都佩服、称赞。
12. 每年的 3 月 15 日，是日本的樱花节。樱花是日本民族的骄傲，它同雄伟的富士山一样，是勤劳、勇敢、（　　）的象征。

雅兴　兴趣

13. 在古代，到什么季节读什么书都有讲究，大概也只有那时的读书人才有如此的（　　）。

14. 今天图书多如烟海，人们要想根据自己的（　　）和需要去找书读，得有个入门的向导。

禁锢　束缚

15. 我带着一张火车票、工作多年存下的几万块钱和一卷行李，像一只被（　　）了多年的小鸟，一路欢唱着飞到了梦中的北京。

16. 19世纪70年代后，以电视剧为主的电视文艺开始突破了戏剧、电影的（　　），展现出自己的魅力。

废黜　废除

17. 他认为，死刑不能（　　），有些罪犯就是要判处死刑。

18. 1994年8月2日，车臣反对派成立临时委员会，宣布（　　）总统杜达耶夫，接管一切权力。

五　查资料，解释下列名词

1. 玄学：

2. 终南捷径：

3. 王羲之：

六 读课文回答问题

1. 会稽是什么样的地方？
2. 谢安年轻时的生活怎么样？
3. 从什么事情上大家知道了谢安的心胸胆量？
4. 前后有谁请谢安出仕？谢安是如何应对的？他后来为什么不再隐居东山？
5. 谢安是个什么样的人？

七 小品表演

学生四人一组，分别扮演：谢安、妻子、朋友、官员（多个角色）。根据课文内容编写一个小品，并表演出来。

要求：使用课文里的词语与句式。

小品分六幕：第一幕：谢安与朋友游玩，谈诗论文

第二幕：谢安与朋友泛舟海上

第三幕：官员（1）邀请谢安出仕

第四幕：官员（2）敦请谢安做属下

第五幕：妻子与谢安开玩笑

第六幕：谢安与妻子聊天，决定出仕。

时间：10—15分钟。

八 扩展阅读

淝水之战

公元383年8月，前秦百万大军大举伐晋，东晋闻讯，举国震恐。

谢安建议孝武帝命他的弟弟谢石任征讨大都督，谢玄为前锋都督，谢琰（谢安之子）为辅国将军，统兵8万，马上北上御敌。其主力就是谢玄指挥操练的北府兵。即将出发的时候，谢玄向叔父请示军机，谢安却像平时一样轻松自如地说："我会另行下达命令的，你先去吧。"接着便不动声色了。谢玄虽然不敢多问，但心中确实没底，退出后又让部将张玄再次请示计策。

谢安不仅没有回答，反而吩咐他俩下去准备车马，邀请一些朋友随他到山间别墅去下棋。平日下棋，谢玄总是略胜叔父一筹①，但这次他却因牵挂战事、忧心忡忡，总是不能取胜。对弈完毕，谢安又登山漫游，就像又回到会稽东山一样留连忘返，直到夜幕降临才回府。

在荆州驻守的桓冲，也很担心朝廷的安危。他特地派了一支3000人的精锐部队前来支援京师。不料，这支部队又被谢安给遣了回去。他带信给桓冲说："朝廷已经有妥善的安排，武器和军队都不缺少，长江中游是战略重地，派来的部队应回去加强防备。"桓冲看完信，不禁对他的参谋官摇头叹息："谢安固然有宰相的度量，但是却不熟悉军事。如今大敌当前，他还去游山玩水，高谈阔论，只派一些没有经验的小孩子去抗敌，况且敌人来势凶猛，我们兵力又不足，天下的大局可想而知，我们要沦为外族的臣民了。"其实，一朝安危系于心，谢安又何尝不忧心如焚呢！但他却不能像别人一样把内心的忧虑露于形色，他是一国宰相，如果他也乱了方寸，那情况就会变得不可收拾。他只有采取内紧外松的方法，一边安定人心，一边从容不迫地应付战局。等大家的紧张情绪趋于平静后，他才授意各路将帅，对整个战略进行了周密的布置安排。

淝水之战的捷报送到京城时，谢安正在府中与客人下棋。他拿过捷报阅过，便随手放在一边，继续下棋，就好像什么也没有看到一般。他是不紧不慢，可客人早就忍不住了："前方战事怎么样啊？""孩子们已打败了敌人。"他依旧从容安详。然而，下完棋送客人走后，谢安再也抑制不住自己兴奋的心情，返回自己内室的时候，竟忘了迈门槛，把拖鞋底部的木齿都撞断了。

九　知识扩展

古代年龄的表示方法

1. 总角：幼年的儿童，头发上绾成小髻。《礼记·内则》"拂髻，总角。"郑玄注："总角，收发结之。"后来就称儿童的幼年时代为"总角"。

---

① 略胜一筹（lüè shèng yì chóu）：比较起来，略微好一点儿。

2. 垂髫：也指儿童幼年。古时儿童未成年时，不戴帽子，头发下垂，所以"垂髫"代称儿童的幼年。

3. 豆蔻：是指女孩的年龄段（十三四岁）。

4. 及笄：古时称女子年在十五为"及笄"，也称"笄年"。笄是簪子，及笄，就是到了可以插簪子的年龄了，又指出嫁的年龄。

5. 弱冠：古代男子20岁行冠礼。"弱"是年少，"冠"是戴成年人的帽子，还要举行大礼。

6. 束发：古代男孩成童时束发为髻，因此用来指代成童。束发一般15岁左右，这时应该学会各种技艺。

另外，还有三十而立，四十不惑，五十知天命，六十花甲，七十古稀，八十、九十耄耋，一百期颐。

第七课　拿起笔来之前

叶圣陶

写文章这件事儿，可以说难，也可以说不难，并不是游移不决说两面话，实情是这样。

说得明白一点，难不难决定在动笔以前的准备功夫怎么样。准备功夫大体差不多了，要写就写，自然合拍，无所谓难。准备功夫一点也没有，或者有一点，可是太不到家了，拿起笔来，样样都得从头做起，那当然非常之难了。

现在就准备功夫大略说一说。

在实际生活里养成精密观察跟仔细认识的习惯，是一种准备功夫。不为写文章，这样的习惯本来也得养成。如果养成了，对于写文章太有用处了。你想，咱们常常写些记叙文章，讲到某些东西，叙述某些事情，不是全都依靠观察跟认识吗？人家说咱们的记叙文章写得好，又正确，又周到，推究到根底，不是因为观察跟认识好才写得好吗？

在实际生活里养成推理下判断都有条有理的习惯，又是一种准备功夫。不为写文章，这样的习惯本来也得养成。如果养成了，对于写文章太有用处了。你想，咱们常常写些论说文章，阐明某些道理，表示某些主张，不是全都依靠推理下判断吗？人家说咱们的论说文章写得好，好像一张算草，一个式子一个式子等下去，不由人不信服。推究到根底，不是因为推理下判断好才写得好吗？

推广开来说，所有社会实践全都是写文章的准备功夫。为了写文章才有种种的社会实践，那当然是不通之论。可是，没有社会实践，有什么可以写的呢？——这么说太宽泛了，就此打住，不再说下去。

还有一种准备功夫必得说一说，就是养成正确的语言习惯。语言本来应该求其正确，并非为了写文章才求其正确，不为写文章就可以不正确。可是语言跟文章的关系太密切了，如果说成"二而一"，大概也不算夸张。语言是有声无形的文章，文章是有形无声的语言。这样的看法不是大家可以同意吗？既然是这样，语言习惯正确了，写出来的文章必然错不到哪儿去。反过来说，语言习惯不良，就凭那种习惯来写文章，文章必然好不了。

什么叫做正确的语言习惯？回答这句问话，可以这样说：说出来的正是想要说的，不走样，不违背语言的规律。能够做到这个地步，语言习惯就差不离了。这句话分内外两方面：所谓不走样，就是语言刚好跟心思一致。想心思本来非凭借语言不可，心思想停当了，同时语言也妥当了。这就是一致。所谓不违背语言的规律，就是一切按照约定俗成的办。语言好比通货，通货不能各人发各人的，必须是大家公认的通货才有价值。以上虽然分内外两方面说，实际上可是一贯的。想心思凭借的语言必然是约定俗成的语言，绝不能是"只此一家"的语言。把心思说出来，必得用约定俗成的语言才能叫人家明白。问题就在学习语言的时候不大注意，以为这样说跟约定俗成的合上了，不知道必须说成那样才合得上；往后又不加考究，一直误下去，没有纠正的机会。在这种情形之下，语言不一定跟心思一致了；另一方面，不免或多或少违背了语言的规律，这就叫做语言习惯不良。

从上一段话里，可以知道语言的规律不是什么深奥奇妙的东西；原来就是约定俗成的那些个说法，人人熟悉，天天应用。一般人不把什么语言的规律放在心上，可是，随时运用语言，说出去人家听得明白；又依据语言写文章，拿出去人家看得明白，就因为不知不觉地熟悉了。不过，不知不觉地熟悉不保证一定可靠，有时候难免出错误。必须知其然又知其所以然，把握住规律，那才可以巩固那些可靠的，纠正那些错误的，永远保持正确的语言习惯。学生在学校里要学语言规律的功课，不住学校的人最好也多少学一点，为的是这个道理。

现在来说说学一点语言的规律。学一点，太严正了，不妨随便些，来说该怎么样在这上头注点儿意吧。该注点儿意的有两个方面：一是语汇的方面，二是语法的方面。

人、手、吃、喝、轻、重、快、慢、虽然、但是、这么样、那么样……全都是语汇，在心里是意念的单位，在语言里是构成语句的单位。对于语汇，最要紧的自然是了解它的意义。孤立地了解一个语汇的意义，不如从运用那个语汇的许多例句中去了解来得明确。如果能取近似的语汇来做对比尤其好。如"观察"跟"视察"，"效法"跟"效尤"，意义好像差不多；收集许多例句在手边（不一定要记录在纸上，想一想平时自己怎样说的，人家怎样说的，

书上怎样写的，也就是收集了），分别归拢来看，那就不但了解哪个是什么意义，连各个语汇运用的限度也清楚了。其次，应该清楚地了解两个语汇彼此能不能关联。这当然得就意义上看。由于意义的限制，某些语汇可以跟某些语汇关联，可是绝不能跟另外的某些语汇关联。如"苹果"，可以跟"吃"、"采"、"削"关联，可是跟"喝"、"穿"、"戴"无论如何联不起来，那是小孩也知道的。但是跟"目标"联得起来的语汇是"做到"呢还是"达到"，还是两个都成或者两个都不成，就连成人也不免踌躇。尤其在繁复的包孕句里，两个相关的语汇隔得相当远，照顾容易疏忽。那必须按准语句的脉络，熟悉语汇跟语汇意义上的搭配，才可以不出岔子。

再次，下一句话跟上一句话连接起来，当然全凭意义，有时候需用专司连接的语汇，有时候不需用。对于那些专司连接的语汇，得个个咬实，绝不胡乱运用。提出假设，才来个"如果"。意义转折，才来个"可是"或者"然而"。准备说原因了，才来个"因为"。准备作结语了，才来个"所以"。还有说"固然"，该怎么样照应，说了"不但"，该怎么样配搭，诸如此类，也得搞个明白。不能说那些个语汇经常用，用惯了，有什么稀罕；要知道唯有把握住规律，才能保证一百次运用一百次没有错儿。

咱们说"吃饭"、"喝水"，不能说"饭吃"、"水喝"。意思如果是我佩服你，咱们说"我佩服你"，不能说"你佩服我"；意思如果是你相信他，咱们说"你相信他"，不能说"他相信你"。"吃饭"、"喝水"合乎咱们语言的习惯，"我佩服你"、"你相信他"，主宾分明，合乎咱们的本意：这就叫做合乎语法。语法是语句构造的方法，那方法不是由谁规定的，也无非是个约定俗成。对于语法要注点儿意，首先得养成剖析句子的习惯。说一句话，必然有个对象，或者说"我"，或者说"北京"，或者说"中华人民共和国"，如果什么对象也没有，话也不用说了。对象以明白说出来的居多，有时因为前面已经说过，或者因为人家自己能够理会，就略去不说。无论说出来不说出来，要讲剖析，必须认清楚一句话说及的对象是什么。单有个对象不成话，咱们说话，必然为了对对象说些什么。说些什么，那当然千变万化，归纳起来可只有两类。一类是说那对象怎样，可以举"中华人民共和国成立了"作例子，"成立了"就是"中华人民共和国"的怎么样。又一类是说那对象是什么，可以举"北京是中华人民共和国的首都"作例子，"是中华人民共和国的首都"就是说"北京"的是什么。像这样两个例子，哪个是对象，哪个是怎么样或者是什么的部分，剖析起来太容易了，好像不值得说似的。但是咱们说话并不老说这么简单的句子，咱们还要说些个繁复的句子。就算是简单的句子吧，有时为了需要，对象的部分，怎么样或者是什么的部分，也得说上许多东西才成；如果剖析不来，自己说就说不清楚，听人家说就听不清楚。譬如"以美国为首的帝国主义者侵略朝鲜的行动正在严重地威胁着中国的安全"这句话，咱们必须能够把它剖析开，知道这句话说及的对象是"行动"，"行动"以上全是说明"行动"的非要不可的东西。这个"行动"怎么样呢？这个"行动""威胁着中国的安全"，"正在"说明"威胁"的时间，"严重地"说明"威胁"的程度，也是非要不可的。至于繁复的句子，好像一个应用许多套括弧的算式：你必须搞清楚那个算题的全部意义，才写得成那样的一个算式。你必须按照许多套括弧之间的关系，才算得出正确的答数。为了排版方便，这儿不想举什么例句，给加上许多套括弧，写成算式的模样了！只希望读者从算式的比喻，理会到剖析繁复的句子的重要。

　　能够剖析句子，必须连带地知道其他一些道理。譬如，一般语句，说及的对象在前头，可是不一定在前头：这就是一个道理。在"昨晚上我去看老张"这句话里，说及的对象是"我"，不是"昨晚上"，在前的"昨晚上"说明"去看"的时间。在"台上坐着主席团"这句话里，说及的对象"主席团"在末了儿，在前的"坐着"说明"主席团"怎么样，最前的"台上"说明"坐着"的地点。譬如，繁复的句子除开轻重均等的以外，重点都在后头：这又是一个道理。像"读书人家的子弟熟悉笔墨，木匠的儿子会玩斧凿，兵家儿早识刀枪"这句话，是三项均等的，无所谓轻重。像："我们不但善于破坏一个旧世界，我们还将善于建设一个新世界。""宁可将可作小说的材料缩成速写，决不将速写材料拉成小说。""如果我们不学习群众的语言，我们就不能领导群众。""我们有很多同志，虽然天天处在农村中，甚至自以为了解农村，但是他们并没有了解农村。""即使人家不批评我们，我们也应该自己检讨。"（以上六句例句是从吕叔湘、朱德熙两位先生的《语法修辞讲话》里抄来的，见5月20日的《人民日报》）这几句话的重点都在后头，说前头的，就为加强后头的分量。如果已经把重点说出，原来在前头的就不用说了。譬如先说了

"我们将善于建设一个新世界",底下还用说"我们善于破坏一个旧世界"吗?要说也连不上了。——知道了以上那些道理,对于说话听话,对于写文章看文章,都是很有用处的。

开头说准备功夫,说到养成正确的语言习惯,就说了这么一大串。往下文章差不多要结束了,这篇文章就成了头小腿细肚子大的形式。这一点且不管它,现在回到准备功夫上去再说几句。

以上说的那些准备功夫全都是属于养成习惯项下。凡是习惯,总得逐点逐点地养成。临时勉强来一下,过后就扔了,那养不成习惯。而且,临时来一下必然不能十分到家。譬如,平时心粗气浮,对于外界的事物,见如不见,闻如不闻,说不见不闻吧,固然不尽然,可是要认真咬个实,实在说不清所见所闻是什么:在这样的情形下,有一天为了要写一篇文章,有意去精密观察,仔细认识,那成就必然有限,必然比不上平时能够精密观察仔细认识的人。写成一篇观察得好认识得好的文章,那根源还在于平时有个好习惯,习惯好,对那篇文章的材料才能够处理得好。

平时想心思没条没理,牛头不对马嘴,临到拿起笔来,即使十二分审慎,定计划,写大纲,能保证写成论据完足推阐明确的文章吗?

平时对于语汇认不真它的切当意义,对于语法拿不稳它的正确结构,换句话说,平时说话全是含糊其辞,似是而非,临到拿起笔来,即使竭尽平生之力,还不是跟平时说话半斤八两?所以,要文章写得像个样儿,不该在拿起笔来的时候才问该怎么样,应该在拿起笔来之前多做准备功夫。准备功夫全是实际生活,不仅是写作方面纯技术的准备,不从这儿出发就没有根。急躁是不成的,秘诀是没有的。实际生活充实了,种种的习惯养成了,写文章就会像活水那样自然地流了①。

(据《中国青年》1951年70期叶圣陶《拿起笔来之前》)

---

① [明]朱熹《观书有感》言:问渠哪得清如许?为有源头活水来。

作者简介

叶圣陶（1894—1988），原名叶绍钧，字秉臣，汉族人，江苏苏州人，著名作家、教育家、编辑家、文学出版家和社会活动家。代表作品《倪焕之》、《西川集》、《稻草人》、《潘先生在难中》、《叶圣陶童话选》、《圣陶短篇小说集》等。

词 语

1.	游移	yóuyí	来回移动；态度、办法等摇摆不定 这些目光从不同的角度注视着我，它们或是~的，或是专注的 / 她思绪仍然很乱，~不定，不知如何是好 / ~不决
2.	合拍	hépāi	符合节奏，比喻协调一致 这种教育方式与社会的发展不~
3.	精密	jīngmì	精确细密 ~仪器 / 进行~的测试 / ~计算
4.	推究	tuījiū	探索和检查原因道理等 ~原因 / ~变化规律 / ~其中的道理
5.	推理	tuīlǐ	由一个或几个已知判断推出新判断的过程 逻辑~ / 数学~ / ~能力 / ~小说
6.	条理	tiáolǐ	思想、语言、文字的层次；生活、工作的秩序 ~清晰 / ~分明 / 有~
7.	阐明	chǎnmíng	讲明白道理 ~原因 / ~道理 / ~思想
8.	凭借	píngjiè	依靠，借助 ~关系 / ~手中的权力 / ~现代科技手段 / ~优势
9.	妥当	tuǒdàng	稳妥适当 安排~ / 处理~ / 保管~ / 以上说明是否~，请审议 / 采取~措施

10. 考究	kǎojiu	①查考，研究 认真~一些细节 / 严格~ ②讲究，精美 打扮~ / 工艺~ / 精致~
11. 深奥	shēn'ào	道理含义等高深不易理解 ~的问题 / ~的知识 / ~的道理
12. 严正	yánzhèng	严肃公正 ~声明 / ~态度 / ~立场 / ~警告 / ~地拒绝
13. 意念	yìniàn	念头，想法 调查显示，大学生对自杀新闻的接触度越高，忧郁程度越高，自杀~的强度也越高。
14. 效尤	xiàoyóu	明知别人的行为错误而照样去模仿 发现非法挪作他用的，要及时纠正并严厉处罚，以儆~
15. 归拢	guīlǒng	把分散的东西聚集到一起 阿英忙着收摊回家了，刘果站起来帮着~桌子板凳，阿英也没拒绝 / 他边读边作了一些札记，读完~起来看看，还挺像回事儿的 / 他将以前无所事事的年轻人~到一起，学习科技知识
16. 踌躇	chóuchú	①犹豫；②得意的样子 ~不定 / ~不安 / ~满志
17. 脉络	màiluò	中医指全身的血管和经络；比喻条理或头绪 发展~ / ~清晰
18. 出岔子	chū chàzi	发生意外、差错或发生问题 首长特别提出了具体要求，你们认真听仔细，千万不能~
19. 剖析	pōuxī	解剖分析 深刻~ / 深入~ / 全面~ / ~问题 / ~思想

20. 连带	liándài	牵连，附带，捎带 坐飞机时，他的整个鼻腔~着两个耳朵全部堵塞，极不舒服／近期岛内物价波动，~影响投资人对未来的信心／国际资本转移以及高油价等原因会影响投资者对亚洲的投资信心，对亚洲经济增长产生~影响
21. 心粗气浮	xīn cū qì fú	也说"心浮气躁"。心里浮躁不踏实 ~的性子
22. 牛头不对马嘴	niú tóu bú duì mǎ zuǐ	也说"驴唇不对马嘴"。比喻答非所问，或者两个事物彼此不相合 事实上，何博传的这段文字是有逻辑错误的病句，而且也是~的外行话／蠢人可以根据两个特征很容易地加以判别：说话时总是语无伦次，回答时总是~
23. 含糊其辞	hán hu qí cí	话说得不明确不清晰 周华因为突然遭到无故殴打，心里恐惧说不清楚，回答问题~
24. 竭尽	jiéjìn	用尽全部 ~平生之力／~全力／~所能
25. 半斤八两	bàn jīn bā liǎng	差不多，不相上下 他们也许想了一下——这是~的事，没有什么区别／这个乔夕和础础，根本~，都差不多
26. 急躁	jízào	碰到不顺心的事情马上激动不安 下半场，加拿大队加强攻势，但因过于~而失误太多／情绪~

句式例解

1. 现在就准备功夫大略说一说

   就 X + 动词:关于

   (1) 双方已就财富分配的最终细节达成一致。这一协议将于7日签署。

   (2) 英格兰、苏格兰、威尔士和北爱尔兰足协将就如何组队进行协商。

   (3) 各国首脑将在为期两天的会议里就经济增长、社会发展和民主政府三项议题进行讨论。

2. 对象以明白说出来的居多

   以 X 居多:X 多

   (1) 我国铁矿资源虽较丰,但以贫矿居多。因此,要从国外进口富铁矿。

   (2) 科学家大量研究证明:男生的成绩偏于优秀和差两端,女孩成绩以中等居多。就平均成绩来看,男女没有明显差异。

   (3) 欧洲中餐馆的食客可谓来自五湖四海,其中尤以华人居多。看到餐馆内满是黑头发、黄皮肤的同胞,令人感觉身在国内。

3. 以美国为首的帝国主义者侵略朝鲜的行动正在严重地威胁着中国的安全

   以 X 为首:X 是首领或排序第一

   (1) 戊戌变法从一开始就遭到以慈禧太后为首的顽固派的极力反对,面临着危机。

   (2) 明朝末年,以魏忠贤为首的宦官集团对"东林党人"制造了一起大冤狱,大批正直无私的人遭到残酷迫害。

   (3) 梅、兰、竹、菊"四君子"以梅为首。

4. 那方法不是由谁规定的,也无非是个约定俗成

   无非:只不过是

   (1) 去之前我不肯定自己是否能通过考试,但我想试一下。最坏的事情无非是

我得再考一次。

（2）以色列方面表示，哈马斯方面的表态无非是为了争取时间，制造更多自杀式袭击。

（3）我们大学生的未来无非是三种出路：出国深造、留在国内念研究生或者找工作。

5. 对于外界的事物，见如不见，闻如不闻，说不见不闻吧，固然不尽然，可是要认真咬个实，实在说不清所见所闻是什么

固然……，可是……：虽然

（1）如果我能够通过探险旅行来赚钱，固然很好。但是这不重要，我的首要目的是想看看世界。

（2）强壮的身体固然是工作、学习的基本保证，但心理健康也是不可忽视的条件。

（3）他认为，河豚固然有毒，但只要具备完善、科学的处理方法，加强对河豚加工企业、餐馆的监管，其鱼肉完全可以放心食用。

练 习

一 看拼音写汉字，并填在句中合适位置

shēn'ào　hépāi　tiáolǐ　jīngmì　chǎnmíng　pōuxī　tuījiū　kǎojiu
píngjiè　tuǒdang

1. 今年秋季在打扫联合国日内瓦办事处的一间主要会议室时发现了一个_____的窃听装置。

2. 我带着这些疑问，进一步进行仔细的访谈，以_____其原因。

3. 有位哲学家说过一句名言，"人不能两次踏入同一条河流"，形象地_____了这一含义深刻的哲理。

4. 对我这样漂亮的女孩子来说，_____某种天生的资本来改变命运，真是再容易不过的事了。

5. 虽然，在我们到达上海之前，先生已经将住所安排_____，但我心里还是有些不安，毕竟上海的环境对我而言是陌生的。

6. 丰泉利夫先生说，看了表演，深感中国文化的_____和神奇，真诚希望日中人民世世代代友好下去。

7. 他担心自己的看法与书记不_____，不敢充分发表自己的意见。

8. 由于事先无准备，讲得没有_____。

9. 主人躺卧在双层的棺木内，身上有许多层衣服，均为丝绸织品，做工_____、十分华贵。

10. 首先要从道德和法律上深刻_____这类行为的严重危害和后果。

二 选词填空

急躁　踌躇　严正　竭尽　连带　含糊其辞　意念　出岔子　脉络

效尤　审慎　归拢　推理

1. 在谈到雅典奥运会的安全问题时，罗格强调说，为了确保奥运会的安全，各方将_____全力。

2. 他有特殊功能，能用自己的_____去打乱或支配他人的行动。你相信吗？

3. 只有这样，才能以儆_____，预防和减少犯罪。

4. 他把这些东西_____到一起，抓在手里，站在房屋中间。

5. 他非常果断，从不_____犹豫，这些给人留下非常强烈的印象。

6. 历史文化名城作为一个国家和民族的历史见证，体现着社会发展的_____，代表着一个时期的文明水平。

7. 16日，周恩来举行中外记者招待会发表_____声明。

8. 现阶段，安全部门必须对形势做出_____判断。

9. 发展中日关系不能回避历史，不可_____，不得言而无信。

10. 不良教养方式对孩子的心理健康危害最大，父亲嗜好多、情绪_____和家庭不和，都易造成孩子患上"心病"。

11. 他从力学原理出发，用严密的数学_____证明了这个学说的科学性。

12. 我飞快看了几眼，大吃一惊，知道_____了，赶紧跑去找秘书。

13. 使用磁铁将磁粒吸出来时，这些金粒也会被_____着拉出来。

三 选用下面合适的词语填空

推究　推理　考究

1. 这两个理由看起来似乎都很合理，但是仔细一（　　），却又都不能成立了。

2. 电子计算机可以记录程序、原始数据和中间结果，还能进行逻辑（　　）和定理证明。

3. 他虽然穿得很朴素，但是每件装饰都很（　　）。

4. 人们发现，人的大脑分为左半大脑和右半大脑，左边进行（　　），逻辑思维；右边掌管想象，直觉的活动。

阐明　表明

5. 他保持沉默（　　）他并不赞成这么做。

6. 必须（　　）道理，人才能了解。

合拍　符合

7. 生活的节奏显然与外面的世界难以（　　），少了外部世界的嘈杂，多了一份宁静与悠闲。

8. 现在的变色玻璃能在数十秒钟之内变化，（　　）人们生活和工作的需要。

妥当　适当　恰当

9. 工作安排（　　）后，我长长地松了一口气，心想这辈子再也不用为工作的事发愁了。

10. 把车行道的宽度（　　）缩窄，既可以减少车辆超车的危险，又可以有效地利用路面。

11. 这反映了他当时内心的矛盾，找不出（　　　）的词句来表达。

四 选用适当的词语，完成下面的一段故事

出岔子　心粗气浮　牛头不对马嘴　含糊其辞　半斤八两　心思　急躁

在高中读书时，我有一位非常要好的朋友，他特别聪明，就是性格有点_____。很多人认为他是个_____的人，因为他跟人说话的时候常常_____，所以经常让别人弄不明白他的_____。我屡次提醒他改掉这个毛病，这样就可以改善别人对他的印象。但话说回来，其实我们俩_____，因为我妈妈常常说我这个人说话_____，容易让别人误会我真正想表达的意思，导致我做事情常常_____。希望我和我的好朋友可以改掉这个坏毛病。

五 解释下列划线词，并造句

1. 在日本只要干活就有报酬，这不假，但如果说日本人拼命工作都是为了钱倒也<u>不尽然</u>。我认识一位搞艺术的年轻人，自己办了一个书道教室，每天搞创作、教学生、学中文……

释义：_____
_____

造句：_____
_____

2. 不怕一万，就怕万一，一旦出现紧急情况，未经过专门培训的人，<u>不出岔子</u>才怪呢！

释义：_____
_____

造句：_____
_____

3. 人家对他说什么，他根本没有听进去，回答得<u>牛头不对马嘴</u>，一心只想着喀秋莎，回味着刚才在过道里追上她时的一吻。

释义：_____

造句：_____

4. 她不过是一中学老师，她先生是一医生，两个人<u>半斤八两</u>，都属于社会上无足轻重的人物。

释义：_____

造句：_____

5. 我就有些挺不住了，这主要是来自精神上的压力，一个人混到了这个地步，那滋味比死<u>也好不到哪儿去</u>。

释义：_____

造句：_____

6. 时间差不多了，如果诸位再没有其他问题，我们<u>就此打住</u>。……好！散会。

释义：_____

造句：_____

7. 开幕式后文体表演第一个节目就是舞龙。数十名美国人舞着一条长龙，尽管功夫尚<u>不到家</u>，但每个人都非常卖劲。

释义：_____

造句：_____

六 读课文，回答问题

1. 作者认为要写好文章，得做几方面的准备工夫？哪几方面？
2. 为了写好文章，要养成好的语言习惯，作者认为好的语言习惯包括哪些方面？
3. 在语汇方面养成好的习惯，主要指什么？
4. 在语法方面养成好的习惯，包括哪些方面？

七 模拟学术报告

大学生语文能力下降，是全世界范围内的一个普遍问题。请根据课文内容，扮演叶圣陶先生，给大学生听众做"如何提高语文能力"的演讲。

要求： 两人一组：一人做演讲人，一人做主持人。

时间： 10—15分钟。

　　要重点突出，条理清晰。

　　使用课文里的词语。

　　主持人的责任：

（1）在演讲开始前，对演讲人做简单介绍。

（2）在自由提问环节主持提问。

（3）在演讲结束时，对主持人的演讲做一个简要的总结，并且致谢。

第八课　如何研究虚词的意义和用法

陆俭明　马　真

怎样把握虚词的意义

虚词表示的是抽象的语法意义，一般不易捉摸。要正确把握虚词的意义，最有效的办法是进行具体的比较、分析。举例来说，"常常"和"往往"乍一看似乎意思差不多，例如：

（1）a 北方冬季常常会有人因不注意煤气而不幸身亡。

　　　b 北方冬季往往会有人因不注意煤气而不幸身亡。

（2）a 星期天他常常去南河边钓鱼。

　　　b 星期天他往往去南河边钓鱼。

（3）a 每当跳高运动员腾空一跃起跳时，他常常会下意识地抬一下大腿。

　　　b 每当跳高运动员腾空一跃起跳时，他往往会下意识地抬一下大腿。

单就例（1）—（3）看，似乎"常常"和"往往"都表示某种情况或行为动作经常出现或发生，不少辞书正是按这种理解用"常常"去注释"往往"。如果我们对更多的实例进行一番比较分析，就会发现它们之间的区别。试比较分析下列各例：

（4）a 每逢节假日，他常常去刘庄姥姥家玩儿。

　　　b 每逢节假日，他往往去刘庄姥姥家玩儿。

（5）a 他常常去刘庄姥姥家玩儿。

　　　b* 他往往去刘庄姥姥家玩儿。

（6）a 她很少一个人来看戏，常常跟丈夫一起来。

　　　b 她很少一个人来看戏，往往跟丈夫一起来。

（7）a 据说她常常来看戏。

　　　b* 据说她往往来看戏。

不难看出，能说"常常"的地方不一定都能用"往往"。从上面各例a、

b两句的对比中，我们起码可以获得这样一点认识：当说明某种情况或行为动作通常只在某种条件下才会出现或发生时，方可使用"往往"，而"常常"没有这个限制。再进一步做些比较。

（8）a 每星期六晚上，只要我没事，就常常到老李家去闲聊。
　　　b 每星期六晚上，只要我没事，就往往到老李家去闲聊。

（9）a 以后，星期六晚上你要没有事，请常常来这儿玩儿。
　　　b* 以后，星期六晚上你要没有事，请往往来这儿玩儿。

（10）a 我外甥女放暑假后，常常要在我这儿住上十天半个月的。
　　　 b 我外甥女放暑假后，往往要在我这儿住上十天半个月的。

（11）a 我希望你放暑假后，常常去看看姥姥。
　　　 b* 我希望你放暑假后，往往去看看姥姥。

从上面各例a、b的对比中，我们可以进一步认识到，"往往"只用来说明根据以往的经验所总结得出的带规律性的情况，"常常"不受此限。

通过以上对比分析，我们大致可以较好地把握住"常常"和"往往"的语法意义："常常"强调事情或行为动作发生的经常性和频繁性；"往往"则强调按经验，在某种条件下，情况通常是这样。细细体味，我们将会察觉到即使像上面所举的（1）（2）（3）（4）（6）（8）（10）各例的a、b两句，也只是表面相通，其意思并不完全相同。

说到比较，可以有各种不同的比较：

一是把彼此同义或近义的虚词放在一起进行比较辨析，这是最常见的做法。上面所做的比较就属于这一类。

二是把说明同一方面问题的虚词放在一起进行比较辨析，以显示这些虚词各自所表示的语法意义。例如把用来说明数量的副词放在一起进行比较辨析。

三是将意义相对的虚词放到一起进行对比分析，以辨明各自表示的语法意义。譬如比较副词"才"和"就"，比较介词"把"和"被"，比较语气词"吗"和"呢"等。

四是把包含有某虚词的句子跟抽掉了该虚词的句子拿来比较，即做有无某虚词的比较，以显示出这个虚词的语法意义。举例来说，口语里有个很常用的句末语气词"好了"。例如：

（12）"李老师，这本小说我拿去看看好吗？""你拿去看好了。"

（13）"听说他要去告你。""让他去告好了，我不怕。"

（14）"你别怕，尽管放手干好了，有我们呢。"

（15）"现在一切都准备就绪了，你只管开闸好了。"

（16）"师傅，没米饭了。""没米饭吃面条好了。"

（17）"既然他不愿意带你去，你就自己去好了。"

这个语气词尚未引起语法学界的广泛注意，以往的语法论著很少提到它。它到底表示什么语气呢？我们不妨将包含"好了"的句子跟不用"好了"的句子比较一下。例如：

你拿去看好了 / 你拿去看

让他去告好了 / 让他去告

尽管放手干好了 / 尽管放手干

你只管开闸好了 / 只管开闸

没米饭吃面条好了 / 没米饭吃面条

通过比较，我们大致可以把握住语气词"好了"的语法意义：表示不介意、不在乎或尽管放心的语气。

上面所提到的这几种比较，彼此不是对立的。采用哪一种比较，要视各虚词的具体情况而定。有时可能要同时运用不同的比较，比如为了把握介词"把"的语法意义，就需要将"把"和"被"做比较，也需要将用"把"的句子与不用"把"的句子做比较。

要正确把握某个虚词的意义，有时还需要注意考察这个虚词使用的语义背景。比如连词"况且"，一般人都不太会用，而一般工具书往往用"而且"来注释"况且"，或只是一般地说"表示更进一层"。这样，不少人把"况且"和"而且"视为同义而错用。如果我们能考察一下"况且"出现的语义背景，就能比较好地掌握它的意义和用法。"况且"在句中使用的语义背景是：

A. 说话人是在申述理由（叙述原委）。

B. 说话人已将主要理由摆出来。

C. 说话人为使理由更充分而需要进一步追加或补充某些理由。

"况且"一词就用在追加、补充理由的分句或句子里。例如：

……无论如何,我决计要走了。况且,一想到昨天遇见祥林嫂的事,也就使我不能安住。

最后,把握虚词的意义时,还要注意防止这样一点:把本来不属于某个虚词的语法意义硬加到这个虚词的上面去。比如语气词"吧",一般的语法论著和工具书上都说它能表示"各种语气",这个看法就很值得商榷。"吧"的分布的确很广,它不仅可以用在各类句子(陈述句、疑问句、祈使句)的末尾,也可以用在句子中间。例如:

祥林嫂还哭喊了几声,此后便再没有什么声息,大约给什么东西堵住了吧。

你又骑快了吧?

走吧走吧!

我没主意,把它放了吧,它准是死;养着它吧,家里没有笼子。

这些包含"吧"的句子都带有各不相干的语气,于是让人误认为"吧"本身可以表示各种互不相干的语法意义。其实,这多种意义并不是"吧"本身的语法意义,而是各句在其句型句调或句中其他词语影响下所产生的。

怎样考察虚词的用法

虚词的用法比起实词来要复杂得多,而且虚词的个性也比实词强得多。虚词词类所揭示的特点,对于了解该类虚词的用法是远远不够的。同一类,甚至是同一小类里的虚词在用法上可以差别很大。"的"和"所"都是结构助词,但它们的用法就很不相同。因此,对于虚词的用法得一个一个地去考察、研究。但是,这也不是说虚词的用法是无规律可循的。对于虚词的用法,大致可以从以下八个方面去考察。

(一) 句类

"或者"和"还是"这两个连词都能在表示选择关系的复句中起连接作用,但是"或者"只用于陈述句,"还是"则用于疑问句。语气词"吗"只能用在问句里,"呢"则既能用于疑问句,也能用于陈述句(他们正在开会呢);即使用于疑问句,二者也还有所不同:"吗"只能用于是非问句,"呢"则相反，只能用于非是非问句，即除是非问句以外的其他问句。"更"和"最"都能用于比较，都表示程度高，但是"更"可以用在"比"字句里（小张的成绩比我们更好），而"最"则不能（*小张的成绩比我们最好）。与之类同的，"稍"和"较"都是能用于比较、表示程度浅的程度副词，但是，"稍"可以用于"比"字句（我比他稍高一点儿），"较"则不能（*我比他较高一点儿）。

（二）词类

连词"和"跟"并"都能用来连接词或词组，但是"和"主要用来连接名词性词语，也可以有条件地用来连接动词或形容词性词语，而"并"只能用来连接动词或形容词性词语。表示程度的副词"老"的意思跟"很"相当，但是"很"可以修饰动词性成分，"老"则不能。即使在修饰形容词这一点上也有区别："老"只能用来修饰往大的方面说的有限的几个表量度的单音节形容词（如"大、长、沉、重、肥、高、粗、厚、宽、远、多、硬、烫"等），"很"则没有这种限制。

（三）音节

在汉语用词造句中，常常需要注意音节问题，这是汉语的一个很重要的特点。副词在这一点上表现得特别突出。有的副词要求所修饰的成分必须是个单音节词，如"过"，只能说"过静"、"过难"、"过密"，不能说"*过安静"、"*过困难"、"*过密切"。而与之同义的"过于"则不受此限（过于难/过于困难；过于静/过于安静；过于密/过于密切）。跟"过"相类似的，还有"尽、屡、互"等。有的副词可以修饰一个词组，但是要求紧跟在它后面的必须是个单音节词，如"足"，只能说"足等了两个小时"，不能说"*足等候了两个小时"；与之同义的"足足"就不受此限，既可以说"足足等了两个小时"，也可以说"足足等候了两个小时"。有的副词跟上述情况正相反，要求所修饰的必须是个双音节成分。如"大力"，只能说"大力帮助"、"大力支持"，决不能说"*大力帮"。与"大力"相类似的例子如"行将、万分、最为、甚为、颇为、极为"等，也都不能修饰单音节词。其他词类里的虚词，对音节也有特殊要求，如助词"与否"只能跟在一个双音节成分后面，决不跟在一个单音节成分后面（正确与否；考虑与否/*对与否；*想与否）。

（四）轻重音

一个虚词往往可以表示多种不同的语法意义，而这又往往是通过轻重音来表示的。这一点在副词身上表现得特别明显。譬如"都"，试比较：

（1）我们'都看完了。

（2）'我们都看完了。

（3）我们都看'完了。

例（1）重音在"都"上，"都"总括主语所指的全范围。例（2）重音在"我"上，"都"虽然仍表示总括，但全句含有"甚至"的意思（甚至连我们都看完了）。例（3）重音在"完"上，"都"是"已经"的意思。

"已经"修饰数量词时，既可言够，也可言多，其区别就在轻重音上。如"已经三个了"，如果重音在"已经"上，是言够；如果重音在"三"上，是言多。

（五）肯定与否定

多数虚词既可以同肯定形式发生关系，也可以同否定形式发生关系，但有些虚词在这方面有特殊要求。这里有多种情况：

A. 有的只能同否定形式直接发生关系。如副词"从"就要求后面必须跟一个否定形式（从不说谎；从没听说过 /* 从就很规矩），与之同义的"从来"就没有这种限制（从来不说谎 / 从来就很规矩）。副词"万万"只能修饰一个否定形式（万万不可粗心大意；万万没想到 /* 万万小心），与之同义的"千万"则不是这样（千万不可粗心大意；千万要注意）。副词"毫、决、断"等也只能修饰一个否定形式。

B. 有的则只能同肯定形式直接发生关系。如副词"万分"、"分外"就只能用于肯定（万分高兴 /* 万分不愉快；分外晴朗 /* 分外不愿意），分别跟它们同义的"十分"、"非常"和"格外"就既能用于肯定（十分高兴、非常愉快、格外清净），也能用于否定（十分不满意、非常不愉快、格外不高兴）。我们常常说在"把"字句中否定词要放在"把"字之前，从另一个角度说，也就是由"把"组成的介词结构不能修饰一个否定形式。

C. 有些虚词有两种不同的意义或用法，而这在肯定、否定的要求上也正好形成对立。如"绝"，当它表示程度时，只能用于肯定（绝好机会、绝妙的计策）；当它表示加强语气时，则只能用于否定（绝不妥协、绝没有好下场）。

D. 有的既能用于肯定，也能用于否定，意思却一样。如"难免不犯错误"

和"难免要犯错误"意思一样;"自行车别是他骑走了"跟"自行车别不是他骑走了"意思一样。"差一点儿"也属于这种情况。

（六）简单与复杂

由"把"组成的介词结构后面一定得跟一个复杂形式,这是众所周知的了。副词"终究、白白、恐怕、略微"也要求所修饰的成分必须是复杂形式,而分别跟它们同义或近义的"必将、白、也许、较为"就没有这种要求。试比较：

终究：终究要灭亡；终究会取得胜利 /* 终究灭亡；* 终究胜利

必将：必将要灭亡；必将取得胜利 / 必将灭亡；必将胜利

白白：白白劳动了一天；难道这房子就这样白白丢了 /* 算我白白说,行不行？

白：白劳动了一天；不能白吃；算我白说,行不行？

略微：略微高些；略微清净些 /* 略微整洁

较为：较为高些；较为清净；较为整洁

再如,由"对于"组成的介词结构做状语时,一般要求中心语是个复杂形式,而由"对"组成的介词结构做状语时,没有这种要求。例如用"对"时,我们可以说"对他要好好帮助"、"对他能不能批评",也可以说"对他帮助"、"对他批评"；可是用"对于"时,我们可以说"对于他要好好帮助"、"对于他能不能批评",但不能说"* 对于他帮助"、"* 对于他批评"。与上述情况相反,有的则要求所修饰的成分得是个简单形式,如"异常"、"万分"。

（七）位置

在"把"字句和"被"字句中,否定副词和能愿动词只能放在"把"、"被"的前面；介词结构"关于……"只能放在主语前面,介词结构"对于……"就没有这种限制。这都涉及到位置问题。一个虚词在句中有比较固定的位置,这固然需要注意,但更需要引起重视的是另一种现象,即有些虚词在句子中的位置比较灵活,它可以在某种成分之前,也可以在某种成分之后,而在前在后,句子的意思就不一样。例如：

他幸亏回来了,……（主句指出避免了于"他"不利的事情）

幸亏他回来了。……（主句指出在"他"的作用下避免了一起不如意的事情）

光他吃米饭 ≠ 他光吃米饭

没有全听懂≠全没有听懂

很不习惯≠不很习惯

有的在前在后，似乎意思差不多，如"他也许不回来了"和"也许他不回来了"，"电话铃忽然响了"和"忽然电话铃响了"，"我才工作一年"和"我工作才一年"，但细细体会还是会察觉出细微的区别来。

（八）跟其他词语的搭配

"只有"要求由"才"与之相配，"只要"要求由"就"与之相配，这是大家所熟知的。复句中常犯的一种毛病，就是前后的连接成分搭配不当。需要注意的是，不光连词存在着搭配问题，别类虚词有的也有这方面的特殊要求。程度副词"怪"，除了风格、色彩跟"很"不同外，很重要的一点，"怪"要求后面由"的"与之相配；"本来"后面常用语气词"嘛"与之相配；而用助词"罢了"、"而已"，前面常有副词"不过"与之相配；用助词"不成"，前面常常用"难道"、"莫非"与之相配。

以上所谈的八个方面，也只是列举性的，并不是说虚词的用法只表现在这八个方面；而每一方面所包含的、涉及的内容，也不限于上面所说的。譬如说，某些虚词或某些虚词格式，如表程度浅的"还"、"有点儿"和"不很……"等，它们对于与之发生直接关系的成分在意义色彩上（褒义和贬义，积极和消极）还有所选择，这一点上文就没提到。至于具体到某个虚词，对上述诸方面的要求也各不相同，而正是这种不同，造成了各虚词用法上的千差万别。

作者简介

陆俭明（1935—　），男，江苏人，语言学家，研究方向：现代汉语句法、现代汉语虚词、对外汉语教学、中文信息处理以及中学语文教学等。

马真（1938—　），女，四川人，在现代汉语虚词研究方面有重要贡献。

本文选自二人合著《现代汉语虚词散论》，北京大学出版社，1985年。

词　语

1.	捉摸	zhuōmō	猜测、预料、揣测
			~不定/~不透/难以~/不易~

2.	乍	zhà	初、刚 我毕竟初来~到，对北京不熟悉 / 这些话~一听还挺有道理，仔细一分析都是借口 / 小伙子长得帅，~一看像李小龙 / ~暖还寒
3.	腾空一跃	téng kōng yí yuè	向天空的方向跳起来 他拔出箭，大吼一声，~，跳过了两丈多宽的河水 / 他在马屁股上猛抽一鞭，打得它~，快如流星而去
4.	方	fāng	才 ~可 / ~能 / ~显英雄本色
5.	就绪	jiùxù	一切都准备好了 准备~ / 安排~ / 各项准备工作已经~
6.	尚未	shàngwèi	还没有 ~出生 / ~定论 / ~解决 / ~得到证实
7.	申述	shēnshù	详细解释，详细申述 ~理由 / 他反复~着同一个要求 / ~观点
8.	商榷	shāngquè	商量讨论 值得~ / 有待~ / 进一步~ / 共同探讨~ / 特提出以下看法供~
9.	各不相干	gè bù xiāng gān	互相没有关系 科学研究和艺术好像是~的两回事 / 他死他的，你活你的，~
10.	循	xún	遵守，沿袭 遵~ / 因~守旧 / ~规蹈矩 / ~环 / 有规律可~
11.	粗心大意	cū xīn dà yì	非常粗心不仔细 老师和家长经常埋怨他不认真，~，是个典型的"马大哈"
12.	清净	qīngjìng	清洁纯净。也可指人心境洁净，不受外界干扰 佛教音乐~安详 / 心地~
13.	妥协	tuǒxié	以让步的方式避免冲突或争执 ~退让 / 投降 / 达成~ / 相互~ / 从不屈服~

练习

一 分组针对课文中所涉及的虚词，设计辨析练习

二 分组阅读下列四篇学术论文，准备 PPT，为其他同学讲解论文内容，并依据论文内容设计相应的练习

1. 马真《"已经"和"曾经"的语法意义》，《语言科学》2003 年第 1 期
2. 马真《"稍微"和"多少"》，《语言教学与研究》1985 年第 3 期
3. 马真《表加强否定语气的副词"并"和"又"——兼谈词语使用的语义背景》，《世界汉语教学》2001 年第 3 期
4. 马真《说"反而"》，《中国语文》1983 年第 3 期

要求：

时间：每组讲 20 分钟。

要抓住文章的主观观点，讲解层次清楚。

学生讲完之后，教师与学生一起讨论：学术论文的写作规范与要求。

三 词汇辨析练习

学生分组，每组辨析一组词汇。

要求：

教师根据学生的水平及学习情况，指定辨析词汇。

利用语料库查找词汇用法。

利用中国知网（CNKI）和相关工具书，查找已有研究。

小组讨论归纳词汇的用法，若有疑问或需要帮助，可与老师讨论。

将研究成果做成 PPT，为其他同学讲解。（教师将就报告提出建议，其他同学也可提问或建议）

四 词汇辨析小论文

听取老师与同学们的建议，进一步修改完善研究结论。

小组成员分别完成词汇辨析的小论文。

五 扩展阅读

汉语中介语易混淆词的主要类型

张 博

根据学习者词语混用和误解的影响因素，可把汉语中介语易混淆词分为以下几种：

（一）理性意义基本相同的词，也就是狭义的近义词

例如"解释：说明""粗心：马虎""诞辰：生日"等。这类词语义关系近，其间的细微差别很难被学习者感知和把握，混用的可能性很大。对这类词的辨析应主要在用法和附属意义上。邓守信《汉英汉语近义词用法词典》和杨寄洲、贾永芬主编的《1700对近义词语用法对比》就特别侧重辨析近义词的搭配关系、词形变化及语体限制、褒贬色彩等方面的异同。

（二）有相同语素的词

在汉语中，大量复合词因含有相同的语素，在意义和书写形式上都有相同之处，最容易发生混淆。例如：

  通信：寄信　　*虽然我们很少寄信，但是每年她一定寄我一张生日卡片。

  一会儿：一下（儿）　　*他们谈一谈了一下儿，就开心地回家了。
  　　　　　　　　　　　*做了一下早操，然后学习。

  有点儿：一点（儿）　　*下午，要晚上的时候。我们的家都整齐了。除了厨房，还一点脏。

单双音节对立的词也容易混用,例如"看:看见"、"鲜:新鲜"、"报:报纸"等。

(三)语音相同或相近的词

例如:

  第:弟 *弟一次搬家的时候。我们打电话给搬运公司叫他们替我们帮忙搬家。

  有:又 *哥哥今天有回来,带回了四五十公斤米。

       *这是因为我不够学习,还又很少跟人家说话。

  主意:注意 *平时他都不肯认真学习,现在已打定注意不念高中。

  厉害:利害 *最近盗贼特别利害。

语音相同或相近的双音节易混淆词中大多有相同的语素,另如"权利:权力"、"必须:必需"等。

(四)字形相近的词

例如"提示:揭示"、"大:太"等。

(五)母语一词多义对应的汉语词

学习者母语中的一个多义词,可能对应汉语的两个或多个词。学习者学过其中之一后,可能会用这个词表示母语多义词可以表示的其他意思。例如:

英语的live是一个多义词,有两个常用义:①(在某处)住,居住;②(以某种方式)生活,过日子。当学生学过"住"后,可能会误将汉语"住"与英语的live等同起来,在"生活"的意义上也常常使用"住",写出"我住的地方还留着封建的想法,学汉语的年轻人很少"这类句子。(详见张博,2005)

(六)母语汉字词与对应的汉语词

日语、韩语等语言中,都有大量汉字词,其中有些汉字词与汉语的某个词同形,可意义和用法并不相同,而是对应另外一个汉语词。日、韩学生对母语与汉语同形的词往往不够敏感,在表达中直接使用母语词,造成母语汉字词与对应的汉语词混淆。比如,日语"经验"一词在意义和用法上大致对应于汉语"经验"和"经历"两个词,因此,日本学生常将"经验"用如"经历",北京语言大学"汉语中介语语料库"所收日本学生的作文中有数十条这样的误用语例，如：

（7）*我来中国以后，第一次【经验】北京的夏天。

（8）*电视给我们提供很多消息，让我们把一个人不能自己【经验】的情况或不能自己得到的事情能看见。

（9）*另外她【经验】过关东大震灾和战争。

（10）*因为我没【经验】过人家面前利用厕所。

（11）*我不及格的【经验】有的是。

（七）方言词与对应的普通话词

东南亚国家的学生中有不少是华裔，受父辈汉语方言的影响，经常使用某些方言词，造成方言词与普通话词语的混淆。例如，有客家方言背景的印尼学生在当用"吃"、"穿"、"找"时，会误用"食"、"着"、"寻"，写出"我们一般七点食早餐"、"公公老了，爸爸每天给他着衫裤"、"我寻了很久也没寻到"这类句子，这是因为受到客家方言的干扰。（萧频，2005）

以上对易混淆词的分类比较简单，只涉及混淆的词对，而多词混淆的词群可能含有几种情况。另外，有些词语混淆的影响因素可能不只一个，如"练"与"炼"混淆，可能因其音同且形近；"统率"和"统帅"混淆，可能受到意义相关、有相同语素且读音相同等多种因素的干扰。从总体上看，（一）至（四）类易混淆词产生的原因主要在于目的语词的形音义关系，而（五）至（七）类易混淆词的产生来自母语的影响。根据我们对汉语中介语的初步考察，第（一）（二）（五）类词语混淆的现象最普遍，遍及不同母语背景、不同水平等级的学习群体，数量也最多。

（据《世界汉语教学》2007年第3期张博《同义词、近义词、易混淆词：从汉语到中介语的视角转移》）

第九课　一语双关

袁行霈

在一般场合下，使用语言的时候，一个词只传达一种意义，而排斥其他意义，以免发生歧义。而双关却是让两个意义并存，读者无法排斥掉其中任何一个。

双关义可以借助多义词造成。例如"远"有两种意义：远近的"远"，表示空间的距离长；久远的"远"，表示时间的距离长。《古诗十九首》中"相去日已远，衣带日已缓"的"远"字，就可以做这两种不同的解释，或者两方面的意思都有。关于这个"远"字的双关义，朱自清先生在《诗多义举例》里已经讲得很清楚了。又如贺知章的《咏柳》："碧玉妆成一树高，万条垂下绿丝绦。不知细叶谁裁出，二月春风似剪刀。"前两句用碧玉形容柳树，一树绿柳高高地站在那儿，好像是用碧玉妆饰而成的。碧玉的比喻显出柳树的鲜嫩新翠，那一片片细叶仿佛带着玉石的光泽。这是碧玉的第一个意思。碧玉还有另一个意思，南朝宋代[①]汝南王小妾名叫碧玉，乐府吴声歌曲有《碧玉歌》，歌中有"碧玉小家女"之句，后世遂以"小家碧玉"指小户人家出身的年轻美貌的女子。"碧玉妆成一树高"，可以想象那袅娜多姿的柳树，宛如凝妆而立的碧玉。这是碧玉的第二个意思。碧玉这个词本来就有这两种意思，而在这首诗里，两方面的意思似乎都有，这就造成了多义的效果。又如"虚室"这个词，陶渊明在《归园田居》里两次用到它："户庭无尘杂，虚室有余闲"，"白日掩荆扉，虚室绝尘想"。前一个"虚室"与"户庭"对举，后一个"虚室"与"荆扉"连用，可以理解为虚空闲静的居室。然而，"虚室"又见于《庄子·人间世》："瞻彼阕者，虚室生白，吉祥止止。[②]"

[①] 南朝（420—589）包括南齐、宋等朝代。
[②] 陈鼓应《庄子今注今译》的翻译："观照那个空明的心境，空明的心境可以生出光明来。福善之事止于凝静之心。"张耿光《庄子全译》翻译："看一看那空旷的环宇，空明的心境顿时独存精白，而什么也都不复存在，一切吉祥之事都消逝于凝静的境界。"

陆德明《经典释文》引司马彪语："室比喻心，心能空虚，则纯白独生也。"陶渊明所说的"虚室"又是用《庄子》的典故，指自己的内心而言。在陶诗里这两种意思都有，造成多义性。

双关义还可以借助同音词造成，南朝民歌里有大量这类例子，如用莲花的"莲"双关爱怜的"怜"①，以丝绸的"丝"双关思念的"思"②。刘禹锡的《竹枝词》："杨柳青青江水平，闻郎江上唱歌声。东边日出西边雨，道是无晴却有晴。"以阴晴的"晴"双关爱情的"情"，也属于这一类。

双关义在诗的多义性里是最简单的一种，无须赘述了。

（据袁行霈《中国诗歌艺术研究》，北京大学出版社，1987）

词 语

1.	一语双关	yì yǔ shuāng guān	一种修辞手法，一句话里同时表达两种意思
2.	传达	chuándá	把一方的意思告诉另一方 ~指示/~决定/~共同的心声/~信息/~室
3.	排斥	páichì	使别的人或事物离开自己这一方 ~异己/互相~/把…~在外/受到~
4.	歧义	qíyì	（语言文字）有两种以上不同的意义或可能的解释
5.	借助	jièzhù	靠别的人或事物的帮助 ~语言/~艺术形象/~他的威望/借助…造成

---

① 如南朝民歌《西洲曲》：开门郎不至，出门采红莲。采莲南塘秋，莲花过人头。低头弄莲子，莲子青如水。（注："莲子"谐"怜子"（爱你）。青如水，隐喻爱情的纯洁。）
② 如明代冯梦龙汇编的《山歌》之一："不写情词不写诗，一方素帕寄心知。心知拿了颠倒看，横也丝来竖也丝，这般心事有谁知。"再如：［唐］李商隐《无题》的名句：春蚕到死丝方尽，蜡炬成灰泪始干。

6.	咏	yǒng	①用一定的语调缓慢地诵读；②用诗词等来叙述
			~叹调 / 歌~比赛 / ~雪
7.	碧	bì	绿色或暗绿色
			~绿 / ~空 / ~玉
8.	垂	chuí	东西的一头向下
			~柳 / ~头丧气 / ~钓 / 暗自~泪 / ~直
9.	丝绦	sītāo	丝绸的带子
10.	裁	cái	用刀、剪等片状物把物体分成若干部分
			~缝 / ~判 / ~兵
11.	似	sì	好像
			~乎 / 相~ / 类~ / ~是而非
12.	妆饰	zhuāngshì	打扮
			美丽的~
13.	鲜嫩	xiānnèn	新鲜而嫩（不老）
			色泽~ / ~可口 / ~水灵 / ~的绿色
14.	光泽	guāngzé	物体表面反射出来的亮光
			发出宝石般的~ / 金属~ / 失去~
15.	妾	qiè	①旧时男子在妻子以外娶的女子；②旧时女子谦称自己
16.	吴声	wúshēng	吴地的歌，指江苏南部和浙江北部一带
17.	遂	suì	于是就
			1868年（明治元年），从西部京都迁都来此，~改名东京
18.	小家碧玉	xiǎo jiā bì yù	指小户人家的漂亮姑娘
19.	小户人家	xiǎo hù rén jiā	旧时指无钱无势的人家
20.	出身	chūshēn	个人早期的经历或家庭经济情况属于(某阶层）
			~贫寒 / ~名门 / ~高贵 / ~于工人家庭
21.	袅娜	niǎonuó	①形容草木柔软细长；②形容女子身材或姿态优美

22.	宛如	wǎnrú	好像……一样
23.	凝	níng	凝结
			~固 / ~视 / 混~土 / ~目远望
24.	掩	yǎn	关上（门）
			~盖 / 遮~ / ~上门
25.	荆	jīng	荆棘，一种带刺的植物
			负~请罪
26.	扉	fēi	门
			敞开心~
27.	绝	jué	断绝
			~交 / ~情
28.	对举	duìjǔ	两个事物相对（出现）
			两句诗中一是用做官之地代人，一是用出生之地代人，~使用，相得益彰
29.	虚空	xūkōng	空虚，里面没有实在的东西，不充实
			内心~
30.	居室	jūshì	房间
			两~ / 三~
31.	瞻	zhān	看
			~仰 / 高~远瞩
32.	阙	què	缺
			~如
33.	爱怜	àilián	疼爱
			惹人~
34.	闻	wén	听到
			~名 / 耳~目睹
35.	道	dào	说
			人~是"蜀道难，难于上青天"
36.	赘述	zhuìshù	多说
			不再~ / 无须~ / 毋庸~ / 兹不~ / 此不~

句式例解

1. 后世遂以"小家碧玉"指小户人家出身的年轻美貌的女子
   诗中以丝绸的"丝"双关思念的"思"

   以 X+ 动词：用 X

   （1）他以沉重的语气朗读着父亲的遗言。

   （2）我看了看房，觉得还不错，最后以65元的价格租了一间七八平米大的小屋。

   （3）这并没有减弱梵·高对生活、对爱情的热爱，相反他以更加高涨的热情赞美生活、赞美女性，他用一种独特的方式，向所有他爱过但却不爱他的女子表达了他的真诚。

   （4）这部电视剧播出后，红遍了大江南北，我也因唱了主题曲而一夜成名，以火箭般的速度，从一个无名小卒迅速成为一线歌手。

2. "虚室"又见于《庄子·人间世》："瞻彼阕者，虚室生白，吉祥止止。"

   X 见于……：在……中可看到

   （1）"窈窕淑女"见于《诗经·关关雎鸠》："关关雎鸠，在河之洲。窈窕淑女，君子好逑。"

   （2）据史料记载，有姓名可考的元杂剧作家共八十多人，见于书面记载的作品约有五百余种，其中流传下来的有一百五十多种。

   （3）《水浒传》是施耐庵以见于史书的材料作为主要依据，结合民间戏曲、话本中的有关故事，经过选择、加工和再创造而写成的。

   （4）"重阳"一词最早见于楚辞《远游》中的一句诗："集重阳入帝宫兮。"汉代末期才成为九月九日这个节日的别称。

   （5）自春秋始，对于异常天象的观测与记录，呈现多样化的明显趋向，如彗星、流星雨、陨石等的明确记录均首见于此时。

3. 陆德明《经典释文》引司马彪语："室比喻心，心能空虚，则纯白独生也。"

   X 引 Y 语：引用 Y 的话

   （1）英国赛车杂志引莱克宁语说："我想我们需要更大马力的发动机，但不是很容易得到。"

   （2）他几乎每天写一篇文章，每篇都引 X 先生语，从不同角度对我进行攻击。

   比较：

   （3）这位经济学家，这两年特别喜欢引用狄更斯《双城记》小说中开头的话，暗示出他对中国改革的解读："这是最好的时期，也是最坏的时期；……"

   （4）他还特别热情地引用了一位法国先哲的名句：当中国苏醒时，世界也会为之震动。

4. 陶渊明所说的"虚室"又是用《庄子》的典故，指自己的内心而言

   指 X 而言：针对 X 来说

   （1）俗语说"会者不难，难者不会"，"会"就是指能力而言。

   （2）"百苗图"记载和绘制的"百苗"，并不是单指苗族而言，它所指的其实乃清代生活在贵州的少数民族的总称。

   （3）前面所述动作发展的模式是指一般情况而言。事实上，儿童动作发展存在着个别差异，男、女儿童的发展也不一致。

   （4）"超人"，顾名思义，是指那种能力非常高强、且卓有成就的人而言。不论你碰到任何危难，只要有超人在场，保准万事都可转危为安。

   （5）振兴东北老工业基地，要"从慢变快，从低到高，从旧到新，从内到外"。所谓从慢到快，是指东北经济增长率而言。从低到高，是对东北总体经济水平而言。从旧到新，是指结构更新，要从计划经济转变到市场经济，提高市场化的比率、市场化的程度。从内到外，是指要扩大对外开放程度。

练 习

一 选词填空

借助　赘述　袅娜　传达　鲜嫩　爱怜　宛如　排斥　妆饰　对举　光泽

1. 当地一家报纸报道说，总理在贺年卡中向全国人民_____了一个重要讯息，即希望在他执政下，国家将民族和谐、政治稳定。

2. 如果把一根条形磁铁的北极靠近磁针的北极，可以看到它们互相_____；如果条形磁铁的南极靠近磁针的北极，可以看到它们互相吸引。

3. 有些物理双星凭目测就能发现，有些必须_____精密仪器，通过细致分析才能发现。前者叫目视双星，后者叫分光双星。

4. 他忽然想唐小姐并不是爱_____、刻意打扮的女孩子，或者是已有男朋友。

5. 这些捷克艺术大师的作品，有_____多姿的女神，有威武雄健的武士，栩栩如生。

6. 那树荫底下，堆堆水灵灵的黄瓜、紫盈盈的茄子，还有那带着露珠的_____嫩的小油菜，惹得行人不由得停下脚步。

7. 赵国欣那张布满皱纹的方脸上，挂满血丝的双眼已失去了往日的_____。

8. 看立体电影时，当银幕上出现一只老虎，迎面扑来，_____身临其境，不免惊叫一声闭上眼睛。

9. 据笔者初步调查，殷墟甲骨刻辞中以_____形式出现的反义词共有二十余对。

10. 杨老师怀着对郭佳深切的同情和_____，手把手地从汉语拼音和加减法开始，教她读书、写字。

11. 前面，我们曾经讨论过科学与技术的概念，此处不予_____。

二 查资料，解释下列名词

1. 古诗十九首：

2. 〔汉〕乐府：

3. 陶渊明：

三 背诵《咏柳》、《竹枝词》

四 扩展阅读

1. 静夜思

    〔唐〕李白

    床前明月光，疑是地上霜。
    举头望明月，低头思故乡。

2. 无题

    〔唐〕李商隐

    相见时难别亦难，东风无力百花残。
    春蚕到死丝方尽，蜡炬成灰泪始干。
    晓镜但愁云鬓改，夜吟应觉月光寒。

蓬山此去无多路，青鸟殷勤为探看。

3. 天净沙·秋思
　　[元] 马致远
　　枯藤老树昏鸦，
　　小桥流水人家。
　　古道西风瘦马。
　　夕阳西下，
　　断肠人在天涯。

4. 乌夜啼
　　[南唐] 李煜（yù）
　　无言独上西楼，月如钩。
　　寂寞梧桐深院，锁清秋。
　　剪不断，理还乱，是离愁。
　　别是一番滋味在心头。

5. 水调歌头
　　[北宋] 苏轼
　　　明月几时有？把酒问青天。不知天上宫阙，今夕是何年。我欲乘风归去，又恐琼楼玉宇，高处不胜寒。起舞弄清影，何似在人间？
　　　转朱阁，低绮户，照无眠。不应有恨，何事长向别时圆？人有悲欢离合，月有阴晴圆缺，此事古难全。但愿人长久，千里共婵娟。

第十课　汉语的书面语

冯胜利

（一）汉语书面语的主要特征

所谓"书面语",是指现代汉语的正式语体,它不但是用来写的,也是可以说的。汉语书面正式语体使用的范围很广:政府文件、报刊社论、学术著作、美文随笔、商业协议、公司合同、往来信件,以及电台新闻、电视广告、讲话报告等。凡属正式场合,都要使用正式语体。对于汉语学习者来说,不但要能说正确地道的口语,而且要会写正式典雅的文章。

汉语的口语和书面语之间有很大的差异。比如口语说"一样",书面语说"同";口语说"甭",书面语说"不宜";口语说"去",书面语说"往"。例如美国政府给中国政府写信,就某一件事说:"我国政府出于相同的考虑,认为不宜前往。"这是正式语体,清楚得体,没有问题。可是,如果这句话要用口语说成下面的话:"咱想的跟您一样,就甭去啦!"那么就不但有失大雅,而且有损国家的尊严。由此可见,在正式的场合不能用非正式的语言,不仅是国家与国家,就是个人与个人也一样,否则不但要闹笑话,而且还会有失自己的身份。

汉语的书面正式语体和英文的正式语体很不一样。譬如"善良",日常说话的时候,英美人用一个音节的 kind 就够了,但要典雅正式地说,则要用四个音节的 benevolent,也就是要用所谓的"大词（big word）"。汉语和英文正相反,越是典雅的词就越短,这是书面语的第一个特点。比如平时中国人说"拜访"是两个字的词;但到了书面正式语体里,用一个"访"字就够了。再如,通常嘴里说的"学校",在典雅的说法里只用一个"校"字。

不难看出,汉语正式典雅的词汇不但比一般嘴上说的短,而且可以直接从两个字的词里取出一个来用。这就是我们所说的"拆双用单"的方法。从这个角度看,汉语似乎比英文容易,因为记住了两个字的"学校",也

就记住了其中的"校";不像英文那样,得记两个完全不同的词:一个是kind,另一个是benevolent。

然而,汉语里典雅的"小词"跟英文里典雅的"大词"的用法很不一样。英文中典雅的大词和它对应的小词的用法是一样的,譬如:说"confucius is a kind man"可以,说"confucius is a benevolent man"也行。但是,汉语里典雅的小词则不能单独使用(带"*"的句子不合法)。比如:

*他想访著名学者。
*您的友来这儿,我一定热情招待。
*我们校的老师都很有名。

就是说,汉语典雅的单音词必须经过一些加工才能合法使用。譬如:

他想遍访著名学者。
贵友来此,定热情招待。
我校老师很有名。

不难看出,因为典雅的单音词不能独立,所以必须和另一个单音词组织成一个双音节的形式,才能合法使用。双音节好像是一个模型(template),典雅的单音词必须嵌入这个模型才能独立出现。比如:

*他想普遍访著名学者。
*高贵友来此,定热情招待。
*我们校的老师很有名。

"普遍访"、"高贵友"、"我们校"都超出了"双音节模块"(disyllabic template)的要求,因此都不合法。我们把这种必须嵌入双音节模型才能使用的单音词,叫做嵌偶单音词(monosyllabic word used in a disyllabic template)。现代汉语里有将近250个这样的嵌偶单音词(参看《汉语嵌偶单音词初编》),它们是从古代文言文里直接继承下来用在现代汉语里的。这是汉语书面语的又一个特点。学习汉语书面语,最终得掌握这批单音节文言词。

除了上述近250个文言嵌偶单音词以外,现代汉语书面语体还自己发展出一批双音节书面语词汇。譬如:"进行、加以、从事、埋葬、损害、种植、阅读、伟大、光荣"等等。这批双音节词汇古代没有，口语里也不用，它们只在书面正式语体里出现。因此，我们称之为书面语词汇。书面语词汇是书面语体的主要词汇。在这批书面语词里面，有一些成员必须在严格的韵律制约之下才能使用，因此，特别值得注意。譬如（"？"表示句子拗口）：

无法学习　*无法学　　？无法认真地学
禁止说话　*禁止说　　？禁止随便地说
经受批评　*经受批　　？经受不断地批
进行讨论　*进行论　　？进行反复地论
进行谈话　*进行谈　　？进行反复地谈
加以改造　*加以改　　？加以不断地改
加以批评　*加以批　　？加以严肃地批
伟大祖国　*伟大国
光荣的党　*光荣党

显然，上面这些"双音词"全都要求和另一个"双音词"组成一个"[双+双]"的韵律格式，只有这样才能合法使用。我们把这种"双配双"的双音词，称之为合偶双音词（disyllabic word combined with another disyllabic word or disyllabic template）。现代汉语里有将近 300 个左右的合偶双音词（以《汉语词汇等级大纲》中的丙级以下的词汇为准）。学习汉语书面语，忽视这批词就不免犯错误。这是书面语的第三个特征。

汉语书面语体中不仅有一套自己的词汇（嵌偶单音词、书面语双音词、合偶双音词），而且还使用了大量口语里没有的书面语句型。譬如：

为现代化而努力奋斗（为……而……）
少而精（adj_1 而 adj_2）
岂……乎？（难道……吗？）

这些句型也是从古代承传下来只用在书面正式语体中的表达方式，我们称之为书面语句型（formal patterns）。现代汉语里有将近 300 个左右的常用书面语句型，它们是正式语体词汇组织的框架。这是书面语的第四个特点。

总的来说，汉语的书面语至少有上述四方面的特征。学习汉语的书面语就是要积累词汇、掌握语法。从"嵌偶单音词"和"合偶双音词"的例子里还可看出：书面语的词汇是和语法紧密相连的。嵌偶单音词是［单＋单］、合偶双音词是［双＋双］。［单＋单］和［双＋双］是韵律问题，而哪些单可以加哪些单、哪些双需要加哪些双、加在哪儿、怎么加等等，都是句法问题。因此，书面语语法的主要特点就是"韵律"和"语法"的相互作用，我们叫做"韵律语法"。嵌偶词和合偶词好像都是带榫的砖，不两两交合，就不能严丝合缝。书面语的句型就好像是每间屋子的框架，而韵律语法则是整个楼房的结构。书面语这座大厦，就是靠韵律语法这个整体的结构，把那些带榫的词汇放进句型的框架里，才建立起来的。对学习汉语书面语的人来说，不但要掌握韵律语法，而且要记住哪些是书面语词汇，哪些是嵌偶单音词，哪些是合偶双音词，以及书面语句型有哪些。

要克服这些困难，不必再像以前那样，逐字逐条地从浩瀚的书刊里一个一个地寻找了。《汉语书面用语初编》为我们收集了当代书面正式语体中所有常用的嵌偶单音词、合偶双音词以及所有的书面语句型。

（二）韵律和韵律词

要学好汉语的书面语，就不能不了解韵律语法；要了解韵律语法，就不能不知道什么是韵律。什么是韵律呢？我们知道，人们说话的时候有的地方轻，有的地方重，有的音长，有的音短，这就是韵律（prosody）。然而，轻重长短不能随便，这就是韵律语法。比如说，英文的 bigger 是 big+er，但是 beautiful 就不能说成 *beautifuler，因为 beautiful 太长了。这是韵律在构词法上的作用。

韵律也可以管制句法。譬如，英文可以说 "please pick it up"，但不能说 "*please pick the book John brought for me up." 为什么呢？因为宾语 "the book John brought for me" 比 "up" 重，整个句子显得头重脚轻，所以说起来很别扭。同样，*I love deeply her 不合法，但是如果宾语特别长，因此很重，就可以接受了：I love deeply the girl who comes from China and studies philosophy at Harvard University。这是韵律在句法上的作用。

在汉语里，韵律的作用比在英语里大得多。除了上一讲所说的嵌偶单音词和合偶双音词以外，日常说话里的词语也受到韵律的很大制约。譬如，我们可以说"天天"（＝每天），但不能说"*礼拜礼拜（＝每个礼拜）"；我们可以说"负责这个工作"，但是不能说"*负责任这个工作"。为什么呢？因为"天天"和"负责"都是两个音节的形式。在汉语里，两个音节组成一个音步（foot），一个音步组成一个韵律词（PrWd=prosodic word）。汉语里的合成词（compound）都是按照韵律词的大小造出来的。因此，如果超出了韵律词的模式，就不能成为复合词了。这样一来，凡是句法或者词法要求必须是一个词的地方，就都有了韵律词的限制。上面"礼拜礼拜"和"负责任"都超出了韵律词的长度，因此都不能成为一个独立的词。不能成为一个词，所以"负责任"就是一个短语。如果"负责任"是一个短语的话，那么"责任"就是"负"的宾语，"负责任这个工作"就必然不合语法，因为"负"不能携带两个宾语。"礼拜礼拜"也一样，因为它不能成为一个词，所以违背了重叠造词的构词法，结果"礼拜礼拜"也不能说。

汉语里需要韵律词的地方很多。比如：年龄、日期、国名、地名、人名等，都必须是双音节韵律词的形式才能独立上口。比较：

年龄　　甲："他今年多大啦？"乙："*五。""五岁。"
　　　　甲："他今年多大啦？"乙："十五。"或："十五岁。"
日期　　甲："今儿几号？"乙："*八。""八号。"
　　　　甲："今儿几号？"乙："十八。"或："十八号。"
地名　　甲："您去哪儿？"乙："*通"。"通县。"
　　　　甲："您去哪儿？"乙："大兴。"或："大兴县。"
国名　　甲："您去哪儿？"乙："*美。""美国。"
　　　　甲："您去哪儿？"乙："日本。"或："日本国。"
人名　　甲："您怎么称呼？"乙："*叫我宁吧。"或："叫我李宁吧。"
　　　　甲："您怎么称呼？"乙："叫我建明吧。"或："叫我李建明吧。"

显然，在上面的语境里，单音节词不能说，必须把它变成双音节韵律词的形式，才合法顺口。毫无疑问，变单音词为韵律词是汉语韵律语法的一大要求。那么怎样"变单为双"呢？汉语中，制造韵律词的办法主要有如下几种：

1. 前缀　虎→老虎　姨→阿姨
2. 后缀　桌→桌子　石→石头
3. 重叠　人→人人　慢→慢慢
　　　　看→看看　好→好好
4. 连绵　孔→窟窿　角→旮旯
5. 附加　即→立即、即刻、即行：立即裁撤、即刻裁撤、即行裁撤
　　　　殊→殊为、殊属：殊为不合、殊属不合
　　　　井→水井　盐→咸盐　蒜→大蒜
　　　　眼→眼睛　龟→乌龟　冰→凉冰
6. 略语　北大←北京大学
　　　　哈北←哈佛北京书院
7. 复合　鞋+店→鞋店
　　　　帽+店→帽店
　　　　鞋帽+商店→鞋帽商店

当然，由不同方式组成的不同的韵律词，在语法系统中发挥着不同的作用：有的用来组词、有的用来造句，有的用来体现特殊的句法功能。总之，韵律词成了词法、句法以及构词句法（morphosyntax）中不可或缺的运作单位。

（据冯胜利主编《文以载道》，高等教育出版社，2007）

作者简介

冯胜利，男，香港中文大学教授，致力于将韵律语法学的理论运用于当代书面正式语体和古代文体演变的研究，发表论文多篇。代表作《汉语韵律句法学》、《汉语的韵律、词法与句法》、《汉语书面用语初编》等，主持编写中文系列教材《入乡随俗》、《知人论世》、《说古道今》、《文以载道》等。

词 语

1.	典雅	diǎnyǎ	优美不粗俗 ～古朴／～庄重／～的风格
2.	不宜	bùyí	不适宜 ～过多／～接受手术／～做出硬性规定
3.	有失	yǒushī	失去，没有 ～身份／～尊严／～恭敬／～大雅／～公允
4.	譬如	pìrú	比如
5.	拗口	àokǒu	说起来别扭，不顺口
6.	榫	sǔn	器物两部分利用凹凸相接的凸出的部分 （in woodworking）a tenon
7.	严丝合缝	yán sī hé fèng	缝隙密合；也比喻言行周密，没有漏洞
8.	携带	xiédài	随身带着 ～病毒／～贵重物品
9.	上口	shàngkǒu	读起来顺口 琅琅～／公关广告语言只有简明扼要、生动新颖、通俗～，才易为公众记住
10.	窟窿	kūlong	洞儿
11.	旮旯	gālá	（方言）角落
12.	裁撤	cáichè	撤销、取消（结构等） ～官员／～亏损部门
13.	不可或缺	bù kě huò quē	不可以缺少

练 习

一 选词填空

不宜　裁撤　不可或缺　严丝合缝　携带　典雅

1. 中国空姐的唐装，_____高贵；韩籍空姐的高丽服装，艳丽夺目。
2. 初学书法的人，应先从楷书学起，_____直接从草书入手。

3. 他突然间灵感泉涌，拿起桌上洁白的餐巾，用随身_____的画笔，蘸着餐桌上的酱油、番茄酱等等各式调味料，当场作起画来。

4. 裁军的目的是节约开支，通过_____多余人员提高军队的战斗力。

5. 这个机器由一万多个部件组成，用了上百万个铆钉将它们_____地联系在一起，总重量达七千吨之多。

6. 收看儿子们从远方发来的电子邮件，这已经成为他退休生活中_____的组成部分。

二 用典雅的书面语改写下面的句子

1. 你说的话非常符合我的心意。

2. 延安《解放日报》于是就发表社论给了支持。

3. 如果成为明星，那就能彻底改变自己甚至是家族的命运。

4. 我把他当做尊贵的宾客一样看待，所以，对他这样客气。

5. 如果我们做事做到一半就停止了，难道不会被后代人笑话吗？

6. 这是大家都能看得见的事实，不需要再多说了。

7. 传说她原来是一个民间女孩。这个故事在《搜神记》卷十四有记载。

三 扩展阅读

关于语体

语体一词在语言学和相关领域（如文学批评）中有着广泛的运用。语法学家在讨论语体时往往更关注跟语言结构有关的语体对立，尤其是口语和书面语的对立、文言和白话的对立等。语体，特别是文体，也是修辞学所研究的一个重要问题，主要涉及书面文体格式以及特殊语言要求（陈望道，1982）。本文主要讨论与语法研究直接有关的语体对立问题。

需要指出的是，即使传统上认为是修辞学（含文学批评）探讨范围的语体分类问题，也并不是和语法研究毫不相关。比如从话语研究的角度来看，有些语言表达方式可以独立于具体的传媒而表现出某些篇章结构方面的共性，这些篇章语体往往和特定的语言表达手段紧密相连。例如，叙事体作为叙述事件的语体，一般包含人物、时间和地点的引进及具体的事件描述，往往有一个高潮和一个主题观点，也可能贯穿着叙事者的评论（Labov and Waletzky, 1967）。这样的一种话语形式可以出现在口语谈话、口头独白中，也可以出现在书面文体中，尤其是文艺作品中（浦安迪，1996）。Labov 1972 曾经详细论述过叙事体不同结构部分的不同语法表现，Hopper 和 Thompson（1980）也曾经利用叙事体结构中前景（foreground）和背景（background）的对立阐述过及物关系（transitivity）的相应语法表现。由于叙事篇章这种特定语体和语言表达手段之间有着紧密的关系，叙事体作为一种话语文体成为当代跨学科研究的一个热点，在话语语言学、认知心理学中有所谓叙事体语法或故事语法的分支，在人工智能、人类学等学科中也有很重要的地位。除此之外，对话、论证（廖秋忠，1988a）、物件描述（廖秋忠，1988b）等也可以独立于不同的传媒而拥有相对一致的组织结构。这种由结构共性出发而得出的类似修辞学上的文体分类在文献中一般称为文体（genre）。尽管它的分类出发点主要是篇章的组织结构而非语言特征，它跟语言研究显然也是有密切关系的。

不过本文讨论的重点是跟语言特点有关的语体分类，大体上沿着口语、书面语的对立展开。本文主要想说明两个观点：第一，语体的分类需要更进一层，不能只停留在口语、书面语的两分法上。对此我们将介绍当代语言学在这方面提出的一些原则和方法。第二，语体的详细分类对语法研究的深入具有重要的理论和实践意义。这些问题在汉语语言学界都是已经讨论过的（朱德熙，1987；胡明扬，1993；张伯江、方梅，1996），不过本文试图从新的立论点出发，对这些问题提出自己的一些看法。

下面首先讨论如何对语体进行多角度的分类以及分类时需要考虑的问题。

1. 语体分类：传媒与方式

言谈交际涉及的方面很广，因此语体的分类不可能从任何一个单一的角度穷尽分类。最明显的区别应该是一般所说的口语和书面语的区别了。不过一般把口语和书面语对立起来的时候，大家只是着重于交际的传媒（medium）或工具来给言谈作了一个分类：口语是口头上讲的，涉及"口"和"耳"、书面语跟书写有关，主要涉及"手"和"眼"。听觉和视觉的不同带来了语言结构上一系列的不同，这当然是语言表达方面最重要的一个分野，所以传统上的分类是有一定根据的。但是从语言特征方面来看，光从传媒的角度来分类还是远远不够的。这方面语言运用中有很多明显的例证。例如，演讲是一种口头语用方式，但正式演讲的语言特征跟普通的对话语体没什么相似之处，反而跟书面语更为接近。这主要是因为演讲的材料是书面上准备好了的，而且演讲的场合是正式的场合，用不正式的语言就不合时宜。这里就出现了传媒和语言特征的严重不一致现象，类似这样的现象其实是多不胜举的。针对这个问题，英国应用语言学家MoCarthy and Carter（1994）总结前人的论述，提出从两个方面对语体进行分类：传媒和表达方式（mode）。

传媒也叫工具，包括手、耳、笔、纸、声音、文字等。表达方式指语言特征的选择。我们可以把口语和书面语看作两类典型的表达方式。口头表达方式和书面表达方式都有典型的语言特征，例如口语有其特殊的语汇，指代成分多、格式比较简略等；书面语也有自己的语汇，限定成分多、格式比较复杂等。需要强调的是，表达方式可以和表达媒体无关，因此口头的表达方式可以出现在书面的表达媒体上，造成一种口语化的书面风格（如口语化的小说、戏剧作品、书面广告等）；书面语表达方式也可以出现在口语中，有时能造成幽默、轻松的效果。下面是加州三和银行在北美一家杂志上作的广告：

您的生意事业建筑于传统观念之上，您的银行为什么不也如此呢？

加州三和银行以客为先，倾心竭力，价格公道，服务至上，相信您也认同这种理念。

这也正是三和银行为什么能迅速成为加州第四大银行的原因之一，也正是为什么您应该来电，请三和银行的金融专才向您介绍我们各类金融服务项目。这对于您的事业至关重要。

我们的亚太部有十二家分行，有能说各种方言的华裔专业人士.也许在您的附近就有一家亚太部的分行，这对您一定十分方便，而且与其他同等级的银行不同，当您到就近的三和分行与我们的职员面谈，我们不会向您收费，我们和您一样，喜欢按照老传统办事。

(《美洲文汇月刊》1998年12月113期)

这则广告利用含第一人称的反问句式和"您的附近"等说法，试图把广告人和读者的距离拉近。近距离是面对面谈话的特征之一，这里却用在书面的商业广告上了。因此这是书面媒体和口语表达方式结合的一个例证。

把媒体和方式两个概念区别开来，可以帮助我们更确切地说明传统意义上书面语内部以及口语内部的不同，从而更准确地刻画书面语和口语的不同。一般认为，语体间的不同与其说是传媒的不同，倒不如说是表达方式的不同（例如上面的书面广告并不因为其书面传媒的特点而排斥口头语的表达方式）。对于同一个传媒类型，表达方式也可以帮助我们进一步区分次范畴的语体，例如，作为书面传媒的书信，其内部也有方式的区别，有的较口语化，有的更为正式。

上面广告的例子也能说明语言运用中的另一个常见特征，即表达方式的混合（mixing）。在这个银行广告中，开头和结尾两段是明显的口语表达方式，第二段却是典型的书面语表达方式（主要体现在用词以及对仗格式等方面）。表达方式的混合其实一点都不奇怪。语言运用是有功利目的的，单一的手段不一定总能满足我们的需要。为了实现有些功利目的，例如体现在广告这样的语体上的功利目的，人们常常需要有创意地利用多种手段。

2. 典型语体和非典型语体

传统上的口语和书面语的说法实际上是带有典型性视点的说法。传统上所说的口语指典型的口语，也就是传媒和方式都是口语的口语，而传统上的书面语也是传媒和方式都是书面语的书面语。这两种极端或纯粹的情形无疑是大量存在的，但我们也应该认识到中间状态的存在，也就是说，必须结合传媒和方式这两个因素来刻画不同的次范畴语体，区分典型与非典型语体。有的口语语体相当正规，如上面提到的演讲报告有的介于正规和随意之间，如一般的采访；有的就十分随意，如熟人朋友之间的聊天。就这样几个口语语体来说，越靠后的越典型。而在书面语内部，我们可以区别法律条文和文书、学术论文、报纸社论、散文、小说、戏剧等类型。这里，越靠前的似乎越典型。

就口语语体内部来说，典型范畴和非典型范畴的区别有时候表现在对话和独白的对立上。对话式的口语涉及说话人和直接的听众，独白是以一个人为主，听众可有可无，即使有听众也是被动地参与。无论从那一方面来说，对话体都应该看做是典型的口语语体，但是这里的区分也是一个连续体。从语言哲学的角度来看，真正意义上的语言运用没有不是对话式的（dialogic），因为没有任何篇章或言谈不是对一个具体的受话人而发的（巴赫金，见 Morson and Emerson 1990）。但是具体的篇章可以由于对受话人的考虑的具体程度而表现出区别。有的口语篇章在外部语言形式上明显地把受话人考虑在内，有的则比较隐含。在另一方面，在谈话语体内对话和独白交叉的情形也是非常普遍的。有时有的说话人会主宰整个谈话过程，有时话题会转移到一个具体的故事或事件方面，这时候谈话人在对话语体中也会说出大段的独白。

就书面语来说，即使是在同一个类型甚至同一个作品内部，有些部分也会比另一部分更典型。例如，作为书面语的代表，小说的描写叙述部分远远比对话部分典型（朱德熙，1987）。

典型性和非典型性的区别有时是考虑问题的角度问题。例如，从口语的角度看,小说中的对话部分比描写部分更典型,而从书面语的角度看,叙事部分更典型。

典型性也是说一种大概趋势,有时语言使用者个人的风格和整体的趋势可能不同。例如在汉语语言学学术论文中,俞敏的文章就以强烈的北京口语风格著称,和我们常见的正规的书面语风格迥异。但是从整体上来看,学术论文的语体能代表书面语言的特征,这个趋势是不应该抹杀的。所以,假若我们有机会比较俞敏的文章和他平时与家人或朋友聊天时的语言特征,大概在他的语言里书面语与口语表达方式的区别也还是能看得出的。

总之,我们认为,即使我们一时没有办法把所有的语体类型按照典型特征全部排列起来,带着典型性的视点来看问题,也可以对我们认识语料有帮助。

3. 语体分类的多角度特性

表达方式的区别当然也跟其他很多因素相关,例如场合的庄重性和准备的程度。比较正规的场合常常是准备程度较高的场合,其表达方式往往体现出典型书面语的特征,而比较随意的言语活动往往是在没有或缺乏准备的情况下发生的,语体特征也就更靠近典型口语。美国语言学家Ochs(1979)曾经提出,话语语体可以从有准备的(planned)和无准备的(unplanned)的角度加以区别。有准备和无准备主要指事先投入的思考和组织努力的相对程度。OchS是从儿童语言的角度来考虑问题的。她的假设是,成人的无准备的谈话所需要的技巧大概在儿童生活的头三四年内就学会了,而成人的有准备的谈话所需要的技巧是后来接受正式教育学会的。语言技巧的习得因此是累积的(accumulated)而不是由一个阶段完全取代另一个阶段(sequentially replaced)。她的主要证据是,成人的无准备的谈话跟四岁以前儿童的谈话策略有很多相似之处,其语体特点是:谈话内容较依赖当前环境,谈话中有较多的词汇方面的重复和修复现象,涉及人际关系的行为排列顺序也十分相似。在语言结构方面,无准备的语体常常表现出下列特征:所指成分的省略、话题前置(left-dislocation)、缺少连接词、句法结构简单、指代成分多、重复成分多等。

有准备和无准备只是进行语体分类所需要的众多对立因素的一个方面。不同的分类角度可以帮助我们解释语体对立的不同方面。例如,有的语言学

家提出，书面语和口语的区别也伴随着庄重（formal）和非庄重（informal）的对立。前者语言明确（explicit），后者语言含糊（implicit）前者涉及距离较远的人际关系（less involvement），后者涉及距离较近的人际关系（high involvement）前面提到的银行广告就充分地利用了这个特点：前者对当前言谈语境的依赖性要小（Context free），后者对当前语境的依赖性要大（Context dependent）。（参看Chafe1982，Tannen1982）当然这里所列举的对立特征都是根据典型的—即传媒和方式一致的—语体特征提出来的，交叉的情形是不可避免的。同时我们也不排除人为地把不同类型的传媒和方式揉合在一起而又追求不露痕迹的效果的情形，例如有的有高度准备的篇章追求在表面看起来完全是随意的表达方式。相声就是有高度准备而又非常口语化的一个例子。对这类材料我们在利用时必须谨慎行事。

总结上面所说，我们认为口语和书面语的区别是一个必要步骤，但还比较粗线条。区别"媒体"和"方式"的对立为我们进一步划分语体提供了一对有用的概念工具，也可以帮助我们说明语体划分时的典型性和非典型性问题。依靠任何单一的标准把语体（以及文体）作穷尽的分类都是不现实的，分类的方法和角度应该在很大程度上取决于分类的目的和语料的实际情况。

（据《当代语言学》1999年第3期陶红印《试论语体分类的语法学意义》）

第十一课　创造优质的汉语

韩少功

希腊语中有一个词：barbro，既指野蛮人，也指不会说话的结巴。在希腊人眼里，语言是文明的标志——我们如果没有优质的汉语，就根本谈不上中华文明。那什么是优质的汉语？在我看来，一种优质语言并不等于强势语言，并不等于流行语言。优质语言一是要有很强的解析能力，二是要有很强的形容能力。前者支持人的智性活动，后者支持人的感性活动。一个人平时说话要"入情入理"，就是智性与感性的统一。

我当过多年的编辑，最不喜欢编辑们在稿签上写大话和空话："这一篇写得很好"、"这一篇写得很有时代感"、"这一篇写得很有先锋性"。什么意思？什么是"好"？什么叫"时代感"或者"先锋性"？写这些大话的人，可能心有所思，但解析不出来；可能心有所感，但形容不出来，只好随便找些大话来敷衍。一旦这样敷衍惯了，他的思想和感觉就会粗糙和混乱，就会钝化和退化。一旦某个民族这样敷衍惯了，这个民族的文明就会衰竭。我对一些编辑朋友说过，你们不是最讨厌某些官僚在台上讲空话吗？如果你们自己也习惯于讲空话，你们与官僚就没有什么区别。我们可以原谅一个小孩讲话时大而化之笼而统之，不是"好"就是"坏"，不是"好人"就是"坏人"，因为小孩没有什么文明可言，还只是半个动物。但一个文明成熟的人，一个文明成熟的民族，应该善于表达自己最真切和最精微的心理。语言就是承担这个职能的。

我们不能要求所有的人都说得既准确又生动。陈词滥调无处不在，应该说是一个社会的正常状况。但知识分子代表着社会文明的品级高度，应该承担一个责任，使汉语的解析能力和形容能力不断增强。正是在这一点上，我们不能说白话文已经大功告成。白话文发展到今天，也许只是走完了第一步。

至少，我们很多人眼下还缺少语言的自觉。我们对汉语的理性认识还笼罩在盲目欧化的阴影之下，没有自己的面目，更缺乏自己的创造。现代汉语语法奠基于《马氏文通》，而《马氏文通》基本上是照搬英语语法。这个照

搬不能说没有功劳。汉语确实从英语中学到了不少东西，不但学会了"她"，还学会了时态表达方式，比如广泛使用"着"、"了"、"过"。"着"就是进行时，"了"就是完成时，"过"就是过去时。这样一用，弥补了汉语的逻辑规制的不足，把英语的一些优点有限地吸收和消化了。这方面的例子还很多。但汉语这只脚，并不完全适用英语语法这只鞋。我们现在的大多数汉语研究还在削足适履的状态。我们看看报纸上的体育报道："中国队大胜美国队"，意思是中国队胜了；"中国队大败美国队"，意思也是中国队胜了。这一定让老外犯糊涂："胜"与"败"明明是一对反义词，在你们这里怎么成了同义词？（众笑）其实，这种非语法、反语法、超语法的现象，在汉语里很多见。汉语常常是重语感而轻语法，或者说是以语感代替语法。比如在这里，"大"一下，情绪上来了，语感上来了，那么不管是"胜"是"败"，都是胜了（众笑），意思不会被误解。

又比方说，用汉语最容易出现排比和对偶。你们到农村去看，全中国最大的文学活动就是写对联，应该说是世界一绝。有些对联写得好哇，你不得不佩服。但英语理论肯定不会特别重视对偶，因为英语单词的音节参差不齐，不容易形成对偶。英语只有所谓重音和轻音的排序，也没有汉语的四声变化。据说粤语里还有十三声的变化，对我们耳朵形成了可怕的考验。朦胧诗有一位代表诗人多多，有一次他对我说，他曾经在英国伦敦图书馆朗诵诗，一位老先生不会中文，但听得非常激动，事后对他说：没想到世界上有这么美妙的语言。这位老先生是被汉语的声调变化迷住了，觉得汉语的抑扬顿挫简直就是音乐。由此我们不难理解，西方语言理论不会对音节对称和声律变化有足够的关心，不会有这些方面的理论成果。如果我们鹦鹉学舌，在很多方面就会抱着金饭碗讨饭吃。

还有成语典故。我曾经写过一篇文章，说成语典故之多是汉语的一大传统。一个农民也能出口成章言必有典，但是要口译员把这些成语典故译成外语，他们一听，脑袋就大了（众笑），根本没法译。应该说，其他语种也有成语，但汉语因为以文字为中心，延绵几千年没有中断，所以形成了成语典故的巨大储存量，其他语种无法与之比肩。每一个典故都是一个故事，有完整的语境，有完整的人物和情节，基本上就是一个文学作品的浓缩。"邻人偷斧"、"掩耳盗铃"、"刻舟求剑"、"削足适履"、"拔苗助长"……这些成语几乎都是讽刺主观主义的，但汉语不看重什么主义，不看重抽象的规定，总是引导言说者避开概念体系，只是用一个个实践案例，甚至一个个生动有趣的故事，来推动思想和感觉。这样说是不是有点啰唆？是不是过于文学化？或许是。但这样说照顾了生活实践的多样性和具体语境的差异性，不断把抽象还原为具象，把一般引向个别。在这一点上，汉语倒像是最有"后现代"哲学风格的一种语言，一种特别时髦的前卫语言。

汉语不同于英语，不可能同于英语。因此，汉语迫切需要一种合身的理论描述，需要用一种新的理论创新来解放自己和发展自己。在语言活动中，语法、修辞、文体，三者之间是无法完全割裂的，是融为一体的。语法就是修辞，就是文体，甚至是语言经验的总和。这种说法离我们的很多教科书的定义距离太远，可能让我们绝望，让很多恪守陈规的语法专家们绝望：这浩如烟海的语言经验总和从何说起？但我更愿意相信：要创造更适合汉语的语法理论，一定要打倒语法霸权，尤其要打倒既有的洋语法霸权，解放我们语言实践中各种活的经验。中国历史上浩如烟海的诗论、词论、文论，其实包含了很多有中国特色的语言理论，但这些宝贵资源一直被我们忽视。

瑞士有个著名的语言学家索绪尔（Saussure），写了一本《普通语言学教程》，对西方现代语言学有开创性贡献，包括创造了很多新的概念。他不懂汉语，虽然提到过汉语，但搁置不论，留有余地，所以在谈到语言和文字的时候，他着重谈语言；在谈到语言的共时性和历时性的时候，他主要是谈共时性。他认为"语言易变，文字守恒"。那么世界上最守恒的语言是什么？当然是汉语。如果汉语不能进入他的视野，不能成为他的研究素材，他就只能留下一块空白。有意思的是：我们很多人说起索绪尔的时候，常常不注意这个空白。在他的《普通语言学教程》以后，中国人最应该写一本《普通文字学教程》，但至今这个任务没有完成。索绪尔有个特点，在文章中很会打比方，比如他用棋盘来比喻语境。他认为每一个词本身并没有什么意义，这个意义是由棋盘上其他的棋子决定的，是由棋子之间的关系总和来决定的。"他"在"它"出现之前，指代一切事物，但在"它"出现之后，就只能指代人。同样，"他"在"她"出现之前，指代一切人，但在"她"出现之后，就只能指代男人，如此等等。这就是棋子随着其他棋子的增减而发生意义和功能的改变。在这里，棋局体现共时性关系，棋局的不断变化则体现历时性

关系。这是个非常精彩的比喻，让我们印象深刻。那么汉语眼下处于一个什么样的棋局？外来语、民间语以及古汉语这三大块资源，在白话文运动以来发生了怎样的变化？在白话文运动之后，在经过了近一个多世纪文化的冲突和融合之后，这三种资源是否有可能得到更优化的组合与利用？包括文言文的资源是否需要走出冷宫从而重新进入我们的视野？这些都是问题。

眼下，电视、广播、手机、因特网、报刊图书，各种语言载体都在实现爆炸式的规模扩张，使人们的语言活动空前频繁和猛烈。有人说这是一个语言狂欢的时代，其实在我看来也是一个语言危机的时代，是语言垃圾到处泛滥的时代，我们丝毫不能掉以轻心：我昨天听到有人说："我好好开心呵！""我好好感动呵！"这是从台湾电视片里学来的话吧？甚至是一些大学生也在说的话吧？实在是糟粕。"好好"是什么意思？"好好"有什么好？还有什么"开开心心"，完全是病句。"第一时间"比"尽快"、"从速"、"立刻"更有道理吗？"做爱"眼下也流行很广，实在让我不以为然，这还不如文言文中的"云雨"（众笑）。做工作、做销售、做物流、做面包，"爱"也是这样揣着上岗证忙忙碌碌 make 出来的？（众笑）

我有一个朋友，中年男人，是个有钱的老板。他不久前告诉我：他有一天中午读了报上一篇平淡无奇的忆旧性短文，突然在办公室里哇哇大哭了一场。他事后根本无法解释自己的哭，不但没有合适的语言来描述自己的感情，而且一开始就没有语言来思考自己到底怎么了，思绪纷纷之际，只有一哭了之。我想，他已经成了一个新时代的 barbro，一天天不停地说话，但节骨眼儿上倒成了个哑巴。就是说，他对自己最重要、最入心、最动情的事，反而哑口无言。事实上，我们都要警惕：我们不要成为文明时代的野蛮人，不要成为胡言乱语或有口难言的人。

作者简介

韩少功（1953— ），湖南长沙人，作家。现任海南省文联主席。著有小说《爸爸爸》、《马桥词典》、《暗示》、《报告政府》，散文集《夜行者梦语》、《心想》、《海念》、《灵魂的声音》、《完美的假定》、《韩少功散文》、《韩少功文集》等。本文是作者2004年3月在清华大学人文学院演讲的第三部分。全文题为《现代汉语再认识》，原文共三部分。选自《天涯》2005 年第 2 期。本文略有删节。

词语

1.	优质	yōuzhì	质量优良（反义词：劣质） ~生活 / ~能源 / ~肥料
2.	野蛮	yěmán	不文明，没有文化；非常残暴 ~无知 / ~时代 / ~行径
3.	结巴 结结巴巴	jiēba	口吃 有点儿~ / 他是一个~
4.	强势	qiángshì	势力强（反义词：弱势） ~群体 / ~企业 / ~力量 / 信心保持~
5.	解析	jiěxī	分解、分析 ~几何 / 重点难点~ / ~病毒
6.	入情入理	rù qíng rù lǐ	合乎情理 ~的分析 / ~的话
7.	先锋	xiānfēng	作战或行军时的先头部队，现在多用于比喻 ~艺术 / ~时代 / ~性
8.	敷衍	fūyǎn	做事不负责或对人不恳切，只做表面上的应付 ~了事 / ~塞责
9.	粗糙	cūcāo	（质料）不精细不光滑；工作等不细致 ~的双手 / 有些政府官员在回答代表询问、质疑时的解释简单~，引起人大代表的不满
10.	衰竭	shuāijié	机能极度减弱 心脏~ / 呼吸~ / 功能~ / 资源~
11.	官僚	guānliáo	官员，官吏 ~主义 / ~机构 / ~家庭 / ~集团

12.	真切 真真切切	zhēnqiè	清楚不模糊；真诚恳切 听得很~ / 感情~ / ~地感受到 / ~体验
13.	精微	jīngwēi	精深微妙 制作~ / 思想~
14.	陈词滥调	chén cí làn diào	陈旧而不切合实际的话
15.	大功告成	dà gōng gào chéng	一般指大的工程、事业或重要任务宣告完成
16.	盲目	mángmù	眼睛看不见东西，多用于比喻认识不清 ~乐观 / ~投资 / ~崇拜
17.	奠基	diànjī	奠定建筑物的基础 ~石 / ~典礼 / ~仪式 / ~人 / ~作品
18.	弥补	míbǔ	把不够的部分填足 ~过错 / ~不足 / ~缺陷
19.	削足适履	xuē zú shì lǚ	鞋小脚大，为了穿上鞋而把脚削小。比喻不合理地迁就现成条件或不顾具体条件，生搬硬套
20.	参差不齐	cēn cī bù qí	长短、高低、大小、水平等不齐，不一致
21.	抑扬顿挫	yì yáng dùn cuò	说话或读书时声音高低起伏和停顿转折
22.	鹦鹉学舌	yīng wǔ xué shé	鹦鹉学人说话。比喻别人怎么说，也跟着怎么说，含贬义
23.	出口成章	chū kǒu chéng zhāng	话说出来就是一篇文章。形容文思敏捷或擅长辞令
24.	延绵	yánmián	也说"绵延"，连续不断 ~不衰 / ~不绝 / ~不断 / ~至今 / ~起伏的原始森林
25.	储存	chǔcún	存起来，暂时不用 ~信息 / ~水分 / ~能量
26.	比肩	bǐjiān	相当，比美 与之~ / 他的表演水平可与专业演员~
27.	浓缩	nóngsuō	泛指用一定的方法将物体中不需要的部分减少，从而使需要部分的相对含量增加

		~苹果汁／这个建筑物~了中国数千年的装饰艺术
28. 掩耳盗铃	yǎn ěr dào líng	把自己的耳朵捂上去偷别人的铃。比喻自己欺骗自己，明明掩盖不了的事却要设法掩盖
29. 刻舟求剑	kè zhōu qiú jiàn	比喻不知道跟着形势的变化而改变看法或办法 [典故] 有个人坐船过江时，剑掉到水里了。他就用刀在船帮上剑掉下去的地方刻上了一个记号。等船到了岸，他从记号的地方下水找剑，结果自然找不到
30. 拔苗助长	bá miáo zhù zhǎng	也说"揠（yà）苗助长"。比喻违反事物的发展规律，急于求成，反而坏事 [典故] 古代宋国有一个人，为了让禾苗长得快一点，就把禾苗一棵棵地往上拔起一点儿，结果禾苗都干死了
31. 恪守	kèshǒu	严格遵守 ~陈规／~规定／~条约／~承诺／~职责
32. 浩如烟海	hào rú yān hǎi	形容文献资料等非常丰富
33. 前卫	qiánwèi	足球、手球等球类比赛中担任助攻与助守的队员，位置在前锋与后卫之间。也用于比喻领先于当时（含有未被社会普遍认可的意思） 新潮~／时尚~／~意识／~艺术／~影片／很~
34. 割裂	gēliè	把不应当分割的东西分割开（多指抽象的事物） 把A和B~开来／~A和B的关系
35. 霸权	bàquán	在国际关系上以实力控制或操纵别国的行为 ~主义／~地位／争夺~

36. 狂欢	kuánghuān	纵情欢乐 ~之夜/~节
37. 泛滥	fànlàn	江河湖泊的水溢出；比喻坏的事物不受限制地流行 洪水~/~成灾/无政府主义~
38. 掉以轻心	diào yǐ qīng xīn	表示不经心，不当回事 对…~
39. 糟粕	zāopò	造酒剩下的渣滓。比喻废弃无用的东西。
40. 不以为然	bù yǐ wéi rán	不认为是对的，表示不同意。多含有轻视的意味 对…~/~地一笑
41. 平淡	píngdàn	事物、文章等平常，没有曲折 ~无奇/~无味/生活~/感情~/~的口吻
42. 节骨眼儿	jiéguyǎnr	关键的时刻 在…的~上/到了这个~/他们前几年组织力量开发了一种很有前途的中文软件，眼看就要成功了，几个技术骨干偏偏在这~上带着成果跑了，成立了自己的公司
43. 哑口无言	yǎ kǒu wú yán	因为理亏等原因说不出话来
44. 胡言乱语	hú yán luàn yǔ	胡说
45. 优化	yōuhuà	通过改变或选择使变得优良、更好 ~产业发展结构/~妇女的生存和发展环境

练习

一 选词填空

结巴　解析　真切　野蛮　优质　盲目　敷衍

1. 北约秘书长夏侯雅伯以最强烈的方式谴责这起"残酷和（　　　）的愚蠢行为"。

2. 这个孩子从小胆小，一说话就脸红，见女孩子就说话（　　），性格内向，属自我封闭型。

3. 这是在论述产量与质量间的矛盾，高产品种往往品质较差，而（　　）品种则往往产量不高。

4. 如何对媒体传播的内容进行理解、（　　）以及思辨，显得尤为重要。

5. 亚铭的电话几乎就打不通了，老是关机。偶尔打通了，他也只是（　　）地说几句就挂了机。

6. 像这样的作品，不仅画面传神，而且语言简练、概括，感情非常（　　），因此，历来受到人们的称道。

7. 不要为了眼前利益（　　）从外国引进草皮、树木和水果，一旦发生外来生物入侵，后果不堪设想。

泛滥　浓缩　弥补　割裂　储存　优化

8. 葡萄牙政府决定在 2004 年吸收新移民 6500 人，以（　　）本国劳动力的不足。

9. 未来社会的发展，要求人的大脑不能只是一个（　　）知识的仓库，还应是一个加工知识的场所。

10. 一般认为，这个传说（　　）了中国传统社会中农民对于小农经济下男耕女织生活方式的全部理想。

11. 我们观察、思考问题时，要防止把个别和一般（　　）开来的片面性。

12. 据介绍，深圳河在 20 世纪 90 年代初数次（　　）成灾，前后造成的经济损失逾 14 亿元。

13. 报告指出，制定人口政策是为了（　　）人口，使人口数量、结构和分布符合国家经济和社会持续发展的需要。

二 完成下列词语，并在中文语料库 CCL 中查找它们的用法

陈词（　）调　　削足适（　）　　（　）扬顿挫

（　）鹉学舌　　（　）守陈规　　（　）如烟海

三 选词填空

出口成章　入情入理　平淡无奇　掩耳盗铃　刻舟求剑　胡言乱语　拔苗助长

1. 这种故意制造混乱的手法，无异于_____，稍有国际法常识的人都不难识破其意图何在。

2. 久而久之，你谈话的题材和资料就越来越丰富了，你的口才就越来越纯熟了，甚至可以_____，随便说什么都可以有条有理。

3. 对这次弹劾总统，在野党本以为胜券在握，只要宪法法院做出认可的裁决，他们便可_____，但偏偏事不遂愿。

4. 任何经验都是依托于特定的时代背景的，认为成功经验在任何时代都会有效就像_____一样可笑。

5. 平民百姓居家过日子，自然_____，但却有一个吃鱼的故事令我们至今难以忘怀。

6. 周总理的谈话_____，明白简要地阐明了中国的立场。

7. 中国科大少年班几乎每一个接受采访者都强调：做家长的千万不可望子成龙心切，_____，否则只能害了下一代。

四 用课文中的成语改写下列句子

1. 由于这些孩子文化水平<u>不一致</u>，她们采取了分时授课的办法。（　　　　）

2. 虽然胜利近在眼前，但是选手们绝不能<u>不当回事</u>。因为在没有达到终点之前，任何事情都有可能发生。（　　　　）

3. 张春桥想不到会遇到这样的下马威，只好<u>不说话</u>，脸上红一阵，白一阵，十分尴尬。（　　　　）

4. 姚明所面临的挑战会大一些。而姚明却<u>不这样想</u>，他的自信心很强，他说他不在乎。（　　　　）

5. "他算什么顾客?……他算什么顾客!"林大立虽然有嘴却不能多说,只能来回说这么半句话。(　　　　)

6. 浙江省省会杭州是全省最大的城市之一,其国家风景旅游城市的响亮知名度,令省内其他城市无法和它相比。(　　　　)

五 查资料,解释下列名词

1. 排比:

2. 对偶:

3. 对联:

4. 朦胧诗:

5. 后现代:

6. 白话文运动：

_____

_____

_____

7. 冷宫：

_____

_____

_____

_____

六 读课文，回答问题

1. 在作者看来，优质的语言具有什么样的特点？
2. 作者认为汉语的独特特点有哪些？他的观点你都同意吗？为什么？
3. 因为汉语有自己独特的特点，所以汉语不能照搬英语的语法，你同意吗？作者有什么建议？
4. 索绪尔关于"语境好比一个棋盘"的比方，你同意吗？请用例子说明。
5. 语言狂欢的时代也是一个语言垃圾泛滥的时代，你是怎么理解的？

七 试试看：对对子

晓晴　　　清影

月徘徊　　溶溶月

一蓑烟雨　燕子双飞

江南可采莲

博雅塔下读书声

八 分组谈谈网络语言对语言发展的影响，小组选出代表向全班做报告

九 扩展阅读

> ## 回　答
> 北　岛
>
> 卑鄙是卑鄙者的通行证，
> 高尚是高尚者的墓志铭，
> 看吧，在那镀金的天空中，
> 飘满了死者弯曲的倒影。
>
> 冰川纪过去了，
> 为什么到处都是冰凌？
> 好望角发现了，
> 为什么死海里千帆相竞？
>
> 我来到这个世界上，
> 只带着纸、绳索和身影，
> 为了在审判之前，
>
> 宣读那些被判决的声音。
>
> 告诉你吧，世界
> 我——不——相——信！
> 纵使你脚下有一千名挑战者，
> 那就把我算作第一千零一名。
>
> 我不相信天是蓝的，
> 我不相信雷的回声，
> 我不相信梦是假的，
> 我不相信死无报应。

如果海洋注定要决堤，
就让所有的苦水都注入我心中，
如果陆地注定要上升，
就让人类重新选择生存的峰顶。

新的转机和闪闪的星斗，
正在缀满没有遮拦的天空。
那是五千年的象形文字，
那是未来人们凝视的眼睛。

致橡树

舒　婷

我如果爱你——
绝不学攀援的凌霄花，
借你的高枝炫耀自己；
我如果爱你——
绝不学痴情的鸟儿，
为绿荫重复单调的歌曲；
也不止像泉源，常年送来清凉的慰藉；
也不止像险峰，
增加你的高度，衬托你的威仪。
甚至日光，
甚至春雨。
不，这些都还不够。
我必须是你近旁的一株木棉，
作为树的形象和你站在一起。
根，相握在地下；
叶，相触在云里。
每一阵风吹过，

我们都互相致意。
但没有人听懂我们的言语。
你有你的铜枝铁干，
像刀像剑也像戟；
我有我红硕的花朵，
像沉重的叹息，
又像英勇的火炬。
我们分担寒潮风雷霹雳；
我们共享雾霭流岚虹霓；
仿佛永远分离，却又终身相依。
这才是伟大的爱情，
坚贞就在这里。
爱，不仅爱你伟岸的身躯，
也爱你坚持的位置，足下的土地。

第十二课　美丽的汉语

王安忆

汉语，我以为可分作两类，一类是书面语，一类是口语。前者是经历了多少代文化人的锻炼、扬弃，具有了精良的品质，它文雅、精致、端方。它能够矜持地与所叙述的事实保持着距离，却不失风趣；使那对象毫厘毕露，又不失敦厚，体现了尊贵的大家教养。

我想，五四时期，从文言文的教育中走出来，操白话文写作的小说家，都保有这样的语言气质。如大师鲁迅，阿Q的愚鲁，是在智而雅的叙述中呈现；孔乙己的酸腐，是在清洁的文体中散发；吕纬甫①的颓丧，是在激励的文字中显身；子君和涓生被吞噬的爱情，是被期望的语调击中要害。再如萧红②，她用娟丽的笔调写下呼兰河的泥泞、邋遢，真是出污泥而不染③。沈从文笔下的山水人事均是柔美的，而他又站到了批判的立场，保持着人性严厉的要求。这种语言的贵族精神，贯穿了"五四"小说对人世的观照，它言爱，可决不同流合污。这是第一类。

第二类是散布在乡村里巷的用语。民间生活是与人的生计紧密联系的，包含着人生的基本需要，所以它又约定俗成着道德观念，由此生发出简朴直接的审美理想。民间生活又是相对自由的，有着活跃泼辣的风气，这就给语言注入了变化和增长的因素。它特别灵变生动，如会附体的精灵，钻入叙述的对象体内，合二而一，上演着一人千面的戏剧。而它一旦进去，对象就奇妙地改了声腔气韵，既不是原先的他，却也不是饰演者，而是一个新的对象。比如赵树理笔下的三仙姑、二诸葛，在他们庸俗的身体上，凸显一种变形的天真趣味；李有才这个板话艺人，则有着乡间智士的气质。中国大陆新时期

---

① 鲁迅小说《在酒楼上》的主人公，一名知识分子，革命初期很激进，遇到挫折后变得颓废。该小说被誉为"最富鲁迅气氛"。
② 当代作家，代表作《呼兰河传》，寓居香港时所作，内容主要是回忆童年故事。茅盾评价这部小说：是一篇叙事诗，一幅多彩的风土画，一串凄婉的歌谣。
③ 出自〔宋〕周敦颐《爱莲说》：予最爱莲之出淤泥而不染，濯清涟而不妖，中通外直，不蔓不枝。

文学中，所涌现出的一批乡土文学①，我以为是摆脱文学意识形态之后，民间语言的一次复兴。语言从枯燥的教条中解脱出来，焕发出勃勃的生机。比如古华的《芙蓉镇》，语言真是古怪的灵异，又是一个乡间的多面手的艺人，变声变色，活灵活现。那米豆腐店的女老板成了山妖，媚人却善良；粮站老站长，是个折了翅膀的鹰，憋了一身腾腾的力量，飞不起来，只得留在人间抚慰众生；右派秦书玉则是隐仙。他们受着苦，受着磨难，然后脱生，又增一层美丽。

汉语，就是这样有弹性，有塑造力，多面，既华美又素朴，既严正又活泼，有可能创作各色各样的小说，它的能量是极大的。

这两类语言，又有着各自的危险，在它们身边潜伏着各自的陷阱，稍不留神，便会失足坠入。前者是拘谨，不免会失于刻板，染上漠然的表情。叙述过于疏远对象，便缺乏了痛痒相关的同情。后者则极易流于俚俗，与对象走得太近，丢失了批评的距离。反之，如若两者融合得好，取长补短，效果却是神奇的。在诗里，我觉得冯梦龙②整理的《挂枝儿》③、《山歌》，就是极好的范例。俗情俗字，嵌在了文雅的格律里，产生的韵致岂是一个"俏"字了得！在小说，当推《红楼梦》为上上品，书面语和口语之间，自如地进出和过渡，浑然天成。烟火人气熏然，一片世间景象，却又有仙道氤氲。是从天上看人间，歌哭逼真，几有贴肤之感，但不是身在此山不见真相④。

其实，话本、传奇⑤，都有这般好处。要到世俗中去见分晓，必是说些俗话，可读得的诗书文理都到，其实是俗话雅说。戏曲也是。倒不是雅俗共赏，雅俗共赏是顾两面，结果是居中。这里是要两面的好处，再出来第三种形貌，走上去了一格。

总之，有了小说，汉语的地质就又被发掘出一层资源，它对于创造一种

---

① 以农村生活为题材，多以反映农民疾苦为主要内容。起源于鲁迅的《故乡》。代表作家有沈从文、赵树理、孙犁、韩少功等。
② 明代人，兄弟三人都很有名气，合称"吴下三冯"。著有"三言"（《喻世明言》、《警世通言》、《醒世恒言》）、《古今小说》等。与凌蒙初《初刻拍案惊奇》、《二刻拍案惊奇》，合称"三言两拍"。
③ 挂枝儿，是民间曲调名，内容多写恋情。一般七句四十一字。
④ 出自苏轼《题西林壁》：横看成岭侧成峰，远近高低各不同。不识庐山真面目，只缘身在此山中。
⑤ 话本，一般指宋话本，民间说话艺人的创作，多以口传故事为蓝本。传奇，指唐代传奇，是文言短篇小说，内容多为奇闻异事，标志着中国短篇小说的成熟。

虚拟的存在，有着极大的可能性。这种可能性，在目下功用主义的社会里，使用得过速与过量，以至破坏了生态，这表现为语言的粗糙和伪劣。所以，我们必须回复它的纯粹性，爱护它，切莫挥霍和践踏，它方才会回报我们，生长出美好的小说。

作者简介

　　王安忆（1954—　　），作家。现任上海市作家协会主席。著有小说《小鲍庄》、《叔叔的故事》、《我爱比尔》、《长恨歌》（获第五届茅盾文学奖），散文集《独语》、《我读我看》，论著《故事和讲故事》、《重建象牙塔》等。本文选自《咬文嚼字》，2006年第2期。

词 语

1.	扬弃	yángqì	哲学上指事物在新陈代谢过程中，发扬旧事物的积极因素，抛弃旧事物中的消极因素 作者把古人的教子之论进行了大胆的~，取其精华，去其糟粕，推陈出新
2.	文雅	wényǎ	（言谈、举止）温和有礼貌，不粗俗 ~端庄/~大方/举止~/~的举动/优美而~的谈吐
3.	精良	jīngliáng	精致优良，完善 装备~/制作~/选料~/设计~/~的技术
4.	矜持	jīnchí	拘谨，慎重，不张扬，不轻易表达感情 态度~/性格~/~的神情/两人初次相会，彼此不免有些~，只寒暄了几句就分手了
5.	敦厚	dūnhòu	忠厚 温柔~/为人~/~朴实/~的性格

6. 愚鲁	yúlǔ	愚笨粗鲁 ～无知 / 生性～
7. 呈现	chéngxiàn	显出，露出 ～（出）…景象 / …气象 / …景色 / …风光 / ～…气氛 / ～…趋势
8. 酸腐	suānfǔ	（文人）迂腐 《儒林外史》对文人的～进行了辛辣的嘲讽
9. 颓丧	tuísàng	情绪低落，精神不振 心情～ / 情绪～
10. 吞噬	tūnshì	吞食 ～生命 / 目前，这种害虫在中国已先后～了苏、浙、皖、鲁等东部省份的100多万亩松林
11. 邋遢	lāta	不整洁，不利落 穿着～ / 外表～ / 一副～相 / ～鬼 / 邋里～
12. 泥泞	nínìng	因有烂泥而不好走；淤积的烂泥 ～不堪 / ～难行 / ～的道路
13. 同流合污	tóng liú hé wū	跟着坏人一起做坏事 与…～
14. 泼辣	pōlà	有魄力 作风～ / 性格～ / 行为～ / 说话～ / 干练～ / 大胆～
15. 风气	fēngqì	社会上或某个集体中流行的爱好或习惯 社会～ / 不良～ / 良好～ / ～不正
16. 注入	zhùrù	灌进 ～新活力 / ～了动力 / ～资金 / ～新鲜血液
17. 涌现	yǒngxiàn	（人或事物）大量出现 不断～ / 相继～ / 大量～ / ～出（一批）优秀作家（作品）
18. 教条	jiàotiáo	宗教的信条，要求信徒无条件地信从。引申用于指只凭信仰，不加思考地盲目接受或引用的原则或原理 ～主义 / ～化 / 把毛泽东思想当做～

19. 焕发	huànfā	光芒四射；振作 ~青春／~创作活力／精神~／~（出）生机勃勃
20. 多面手	duōmiànshǒu	擅长多种技能的人
21. 活灵活现	huó líng huó xiàn	形容描述或模仿的人或事物生动逼真。也可说"活龙活现" ~地刻画出／~地展示出来／~地呈现在人们面前／刻画得~／写得~／演得~
22. 塑造	sùzào	用泥土等材料塑成人物形象。引申用于指用语言文字或其他艺术手段表现人物形象 ~者／~人物形象／~个性／~健康人格
23. 拘谨	jūjǐn	（言语、行为）过于拘束 性情~／动作~／~不安／~羞涩
24. 陷阱	xiànjǐng	为捉野兽或敌人而挖的坑。也比喻害人的圈套 设（下）~／制造~／落入~
25. 刻板	kèbǎn	比喻呆板没有变化 ~印象／~的政策／~的程序／~的教育／失之~
26. 俚俗	lǐsú	粗俗 市井~／~的闲谈／~用语／流于~
27. 韵致	yùnzhì	风度韵味，情致 别有一番~／极富~／她的举手投足之间，流露出东方女性独有的~
28. 氤氲	yīnyūn	(书面语)形容烟或云气浓郁 尽管近日细雨霏霏，雾气~，却没能停下民众上山观赏的脚步／酒店大堂的空中~着甜甜淡淡的蜡烛香，柔情浪漫的音乐在耳畔萦绕，我心情很好

29. 漠然	mòrán	不关心不在意的样子 对…~视之（置之/处之）/神情~/态度~/心态~
30. 取长补短	qǔ cháng bǔ duǎn	吸取长处、弥补短处 香港院校和华中师大各具特色和优势，相信能在互相学习、~中发挥更大的优势
31. 浑然天成	hún rán tiān chéng	浑然，形容完整不可分割；天成，天然生成。多用于形容艺术品、文学作品等 三峡之壮美吸引天下人，在于它的~，古朴自然，而非人文景观
32. 分晓	fēnxiǎo	事情的底细或结果，多用于"见"后 究竟谁能以小组第二身份出线，还需等到两周后的最后一轮小组赛方见~
33. 雅俗共赏	yǎ sú gòng shǎng	文化高的人和文化低的人都能欣赏的 做到~/追求~
34. 虚拟	xūnǐ	虚构的，不真实的 ~空间/~世界/~表演/~的表现手法
35. 伪劣	wěiliè	冒牌的，质量低劣的 假冒~/~商品/~食品/~产品/~药品
36. 纯粹	chúncuì	不掺杂别的成分 ~的北京话/~的血统/有人说，他的那些改革设想~是异想天开，他写的文章更是胡说八道
37. 切莫	qièmò	千万不要 ~忘记/~忽视/~错失良机/~掉以轻心
38. 挥霍	huīhuò	任意浪费 ~金钱/~浪费/~无度
39. 践踏	jiàntà	踩，也可比喻摧残 ~人权/~法律/~国际关系准则/拥挤~事故（事件）

练习

一 从课文中选择合适的成语改写句子

1. 第二次世界大战中,费米没有同意大利法西斯<u>混在一起干坏事</u>,他离开故土来到美国。(   )

2. 我小学时代有位老师,能把花鸟鱼虫画得<u>非常像,像真的一样</u>。(   )

3. 中国诗歌虽有五言、七言,但整体是偶数,变化多端却非常有整体的特点,仿佛<u>天然就是这样</u>。(   )

4. 在晚会总体设计和节目编排上如何做到<u>无论文化高低的人们都喜欢看</u>,是所有创作者追求的目标。(   )

5. 一个人的知识总是有限的,需要各方面的协作,互相<u>学习他人的长处,弥补自己的不足</u>,这是学习和事业成功必不可少的条件。(   )

二 选词填空

刻板 文雅 纯粹 拘谨 颓丧 漠然 俚俗 泼辣 矜持

1. 他表示,这不是一部(   )的娱乐片,它能让观众在轻松、开心之余,产生对未来的思考。

2. 这次选举的整体投票率再次下滑,表明公众对政治的(   )态度。

3. "小扇轻轻,拿在手中,有人来借,等到秋风。"诗句虽然(   ),却给我们那时的小小心灵增添了不少乐趣。

4. 他下决心将安徒生童话译成中文,不过,他不是(   )地翻译,而是带着欣赏性和抒情性进行再次创作。

5. 在这种场合,我有些(   ),除了应酬一些必要的问话外,正襟危坐,没有什么话好说。

6. 这虽是一件小事，但足以看到她大胆（　　）中的细心和周到。

7. 他的讲话稿都是秘书给写的，文辞还可以。一旦脱稿讲话，就没了一点（　　）气，说的话跟个粗人没什么两样。

8. 他的幽默自然是英国式的，俏皮中不失（　　），逗趣时总要拐一个弯让人想一想。

9. 此时的他像一头困兽，（　　）而不知所措。

　　陷阱　切莫　涌现　呈现　践踏　塑造　韵致

10. 消费者协会6月下旬通过新闻媒介提醒广大消费者保持头脑清醒，（　　）听信某些传销公司的谎言，以免上当受骗。

11. 这无疑是对《日内瓦公约》的公然（　　），是对举世公认的国际法的无端蔑视。

12. 这首舞蹈诗反映了西北特有的文化（　　）和风土人情，创作者对于古老而又丰厚的西北文化充满了感情。

13. 我当时不知这是（　　），于是就糊里糊涂地跟对方签了约。

14. 牛振华在银幕和舞台上以（　　）小人物而著名。

15. 1959年民主改革以后，西藏更（　　）了一批优秀的文艺作品，如歌曲《北京的金山上》和《翻身农奴把歌唱》等。

16. 加快对外开放的步伐后，少数民族地区的经济发展（　　）出新的活力。

三 查资料，介绍下列文学作品（写作背景、故事梗概、思想意义）

《阿Q正传》　　　《孔乙己》

《伤逝》　　　　　《边城》

《小二黑结婚》　　《李有才板话》

《芙蓉镇》

四 读课文回答问题

1. 在作者看来，书面语有什么特点？有什么长处和短处？
2. 口语有什么特点？有什么长处和短处？
3. 在运用语言时，我们应该如何对待书面语与口语？
4. 小说对于语言的发展有什么作用？

五 扩展阅读

《呼兰河传》第三章节选

萧 红

一

呼兰河这小城里边住着我的祖父。

我生的时候，祖父已经六十多岁了，我长到四五岁，祖父就快七十了。

我家有一个大花园，这花园里蜂子、蝴蝶、蜻蜓、蚂蚱，样样都有。蝴蝶有白蝴蝶、黄蝴蝶。这种蝴蝶极小，不太好看。好看的是大红蝴蝶，满身带着金粉。

蜻蜓是金的，蚂蚱是绿的，蜂子则嗡嗡地飞着，满身绒毛，落到一朵花上，胖圆圆的就和一个小毛球似的不动了。

花园里边明晃晃的，红的红，绿的绿，新鲜漂亮。

据说这花园从前是一个果园。祖母喜欢吃果子就种了果园。祖母又喜欢养羊，羊就把果树给啃了。果树于是都死了。到我有记忆的时候，园子里就只有一棵樱桃树、一棵李子树，因为樱桃和李子都不大结果子，所以觉得他们是并不存在的。小的时候，只觉得园子里边就有一棵大榆树。

这榆树在园子的西北角上，来了风，这榆树先啸，来了雨，大榆树先就冒烟了。太阳一出来，大榆树的叶子就发光了，它们闪烁得和沙滩上的蚌壳一样了。

祖父一天都在后园里边，我也跟着祖父在后园里边。祖父带一个大草帽，我戴一个小草帽，祖父栽花，我就栽花；祖父拔草，我就拔草。当祖父下种，种小白菜的时候，我就跟在后边，把那下了种的土窝，用脚一个一个地溜平，哪里会溜得准，东一脚的、西一脚的瞎闹。有的把菜种不但没被土盖上，反而把菜籽踢飞了。

小白菜长得非常之快，没有几天就冒了芽了，一转眼就可以拔下来吃了。

祖父铲地，我也铲地；因为我太小，拿不动那锄头杆，祖父就把锄头杆拔下来，让我单拿着那个锄头的"头"来铲。其实哪里是铲，也不过爬在地上，用锄头乱勾一阵就是了。也认不得哪个是苗，哪个是草。往往把韭菜当做野草一起地割掉，把狗尾草当做谷穗留着。

等祖父发现我铲的那块满留着狗尾草的一片，他就问我：

"这是什么？"

我说：

"谷子。"

祖父大笑起来，笑得够了，把草摘下来问我：

"你每天吃的就是这个吗？"

我说：

"是的。"

我看着祖父还在笑，我就说：

"你不信，我到屋里拿来你看。"

我跑到屋里拿了鸟笼上的一头谷穗，远远地就抛给祖父了。说：

"这不是一样的吗？"

祖父慢慢地把我叫过去，讲给我听，说谷子是有芒针的。

狗尾草则没有，只是毛嘟嘟的真像狗尾巴。

祖父虽然教我，我看了也并不细看，也不过马马虎虎承认下来就是了。一抬头看见了一个黄瓜长大了，跑过去摘下来，我又去吃黄瓜去了。

黄瓜也许没有吃完，又看见了一个大蜻蜓从旁飞过，于是丢了黄瓜又去追蜻蜓去了。蜻蜓飞得多么快，哪里会追得上。好在一开初也没有存心一定追上，所以站起来，跟了蜻蜓跑了几步就又去做别的去了。

采一个倭瓜花心，捉一个大绿豆青蚂蚱，把蚂蚱腿用线绑上，绑了一会，也许把蚂蚱腿就绑掉，线头上只拴了一只腿，而不见蚂蚱了。

玩腻了，又跑到祖父那里去乱闹一阵，祖父浇菜，我也抢过来浇，奇怪的就是并不往菜上浇，而是拿着水瓢，拼尽了力气，把水往天空里一扬，大喊着：

"下雨了，下雨了。"

太阳在园子里是特大的，天空是特别高的，太阳的光芒四射，亮得使人睁不开

眼睛，亮得蚯蚓不敢钻出地面来，蝙蝠不敢从什么黑暗的地方飞出来。凡是在太阳下的，都是健康的、漂亮的，拍一拍连大树都会发响的，叫一叫就是站在对面的土墙都会回答似的。

花开了，就像花睡醒了似的。鸟飞了，就像鸟上天了似的。虫子叫了，就像虫子在说话似的。一切都活了。都有无限的本领，要做什么，就做什么。要怎么样，就怎么样。都是自由的。倭瓜愿意爬上架就爬上架，愿意爬上房就爬上房。

黄瓜愿意开一个谎花，就开一个谎花，愿意结一个黄瓜，就结一个黄瓜。若都不愿意，就是一个黄瓜也不结，一朵花也不开，也没有人问它。玉米愿意长多高就长多高，他若愿意长上天去，也没有人管。蝴蝶随意的飞，一会从墙头上飞来一对黄蝴蝶，一会又从墙头上飞走了一个白蝴蝶。它们是从谁家来的，又飞到谁家去？太阳也不知道这个。

只是天空蓝悠悠的，又高又远。

可是白云一来了的时候，那大团的白云，好像洒了花的白银似的，从祖父的头上经过，好像要压到了祖父的草帽那么低。

我玩累了，就在房子底下找个阴凉的地方睡着了。不用枕头，不用席子，就把草帽遮在脸上就睡了。

二

祖父的眼睛是笑盈盈的，祖父的笑，常常笑得和孩子似的。

祖父是个长得很高的人，身体很健康，手里喜欢拿着个手杖。嘴上则不住地抽着旱烟管，遇到了小孩子，每每喜欢开个玩笑，说：

"你看天空飞个家雀。"

趁那孩子往天空一看，就伸出手去把那孩子的帽给取下来了，有的时候放在长衫的下边，有的时候放在袖口里头。他说：

"家雀叼走了你的帽啦。"

孩子们都知道了祖父的这一手了，并不以为奇，就抱住他的大腿，向他要帽子，摸着他的袖管，撕着他的衣襟，一直到找出帽子来为止。

祖父常常这样做，也总是把帽放在同一的地方，总是放在袖口和衣襟下。那些搜索他的孩子没有一次不是在他衣襟下把帽子拿出来的，好像他和孩子们约定了似的："我就放在这块，你来找吧！"

这样的不知做过了多少次，就像老太太永久讲着"上山打老虎"这一个故事给孩子们听似的，哪怕是已经听过了五百遍，也还是在那里回回拍手，回回叫好。

每当祖父这样做一次的时候，祖父和孩子们都一齐地笑得不得了。好像这戏还像第一次演似的。

别人看了祖父这样做，也有笑的，可不是笑祖父的手法好，而是笑他天天使用一种方法抓掉了孩子的帽子，这未免可笑。

祖父不怎样会理财，一切家务都由祖母管理。祖父只是自由自在地一天闲着。我想，幸好我长大了，我三岁了，不然祖父该多寂寞。我会走了，我会跑了。我走不动的时候，祖父就抱着我；我走动了，祖父就拉着我。一天到晚，门里门外，寸步不离，而祖父多半是在后园里，于是我也在后园里。

我小的时候，没有什么同伴，我是我母亲的第一个孩子。

我记事很早，在我三岁的时候，我记得我的祖母用针刺过我的手指，所以我很不喜欢她。我家的窗子，都是四边糊纸，当中嵌着玻璃。祖母是有洁癖的，以她屋的窗纸最白净。

别人抱着把我一放在祖母的炕边上，我不假思索地就要往炕里边跑，跑到窗子那里，就伸出手去，把那白白透着花窗棂的纸窗给通了几个洞，若不加阻止，就必得挨着排给通破，若有人招呼着我，我也得加速的抢着多通几个才能停止。手指一触到窗上，那纸窗像小鼓似的，嘭嘭地就破了。破得越多，自己越得意。祖母若来追我的时候，我就越得意了，笑得拍着手，跳着脚的。

有一天祖母看我来了，她拿了一个大针就到窗子外边去等我去了。我刚一伸出手去，手指就痛得厉害。我就叫起来了。那就是祖母用针刺了我。

从此，我就记住了，我不喜她。

虽然她也给我糖吃，她咳嗽时吃猪腰烧川贝母，也分给我猪腰，但是我吃了猪腰还是不喜她。

在她临死之前，病重的时候，我还会吓了她一跳。有一次她自己一个人坐在炕上熬药，药壶是坐在炭火盆上，因为屋里特别的寂静，听得见那药壶骨碌骨碌地响。祖母住着两间房子，是里外屋，恰巧外屋也没有人，里屋也没人，就是她自己。我把门一开，祖母并没有看见我，于是我就用拳头在板隔壁上，咚咚地打了两拳。我听到祖母"哟"地一声，铁火剪子就掉了地上了。

我再探头一望，祖母就骂起我来。她好像就要下地来追我似的。我就一边笑着，

一边跑了。

我这样地吓唬祖母，也并不是向她报仇，那时我才五岁，是不晓得什么的，也许觉得这样好玩。

祖父一天到晚是闲着的，祖母什么工作也不分配给他。只有一件事，就是祖母的地棵上的摆设，有一套锡器，却总是祖父擦的。这可不知道是祖母派给他的，还是他自动的愿意工作，每当祖父一擦的时候，我就不高兴，一方面是不能领着我到后园里去玩了，另一方面祖父因此常常挨骂，祖母骂他懒，骂他擦的不干净。祖母一骂祖父的时候，就常常不知为什么连我也骂上。

祖母一骂祖父，我就拉着祖父的手往外边走，一边说：

"我们后园里去吧。"

也许因此祖母也骂了我。

她骂祖父是"死脑瓜骨"，骂我是"小死脑瓜骨"。

我拉着祖父就到后园里去了，一到了后园里，立刻就另是一个世界了。决不是那房子里的狭窄的世界，而是宽广的，人和天地在一起，天地是多么大，多么远，用手摸不到天空。

而土地上所长的又是那么繁华，一眼看上去，是看不完的，只觉得眼前鲜绿的一片。

一到后园里，我就没有对象地奔了出去，好像我是看准了什么而奔去了似的，好像有什么在那儿等着我似的。其实我是什么目的也没有。只觉得这园子里边无论什么东西都是活的，好像我的腿也非跳不可了。

若不是把全身的力量跳尽了，祖父怕我累了想招呼住我，那是不可能的，反而他越招呼，我越不听话。

等到自己实在跑不动了，才坐下来休息，那休息也是很快的，也不过随便在秧子上摘下一个黄瓜来，吃了也就好了。

休息好了又是跑。

樱桃树，明是没有结樱桃，就偏跑到树上去找樱桃。李子树是半死的样子了，本不结李子的，就偏去找李子。一边在找，还一边大声的喊，在问着祖父：

"爷爷，樱桃树为什么不结樱桃？"

祖父老远的回答着：

"因为没有开花，就不结樱桃。"

再问：

"为什么樱桃树不开花？"

祖父说：

"因为你嘴馋，它就不开花。"

我一听了这话，明明是嘲笑我的话，于是就飞奔着跑到祖父那里，似乎是很生气的样子。等祖父把眼睛一抬，他用了完全没有恶意的眼睛一看我，我立刻就笑了。而且是笑了半天的工夫才能够止住，不知哪里来了那许多的高兴。把后园一时都让我搅乱了，我笑的声音不知有多大，自己都感到震耳了。

后园中有一棵玫瑰。一到五月就开花的。一直开到六月。

花朵和酱油碟那么大。开得很茂盛，满树都是，因为花香，招来了很多的蜂子，嗡嗡地在玫瑰树那儿闹着。

别的一切都玩厌了的时候，我就想起来去摘玫瑰花，摘了一大堆把草帽脱下来用帽兜子盛着。在摘那花的时候，有两种恐惧，一种是怕蜂子的勾刺人，另一种是怕玫瑰的刺刺手。好不容易摘了一大堆，摘完了可又不知道做什么了。忽然异想天开，这花若给祖父戴起来该多好看。

祖父蹲在地上拔草，我就给他戴花。祖父只知道我是在捉弄他的帽子，而不知道我到底是在干什么。我把他的草帽给他插了一圈的花，红通通的二三十朵。我一边插着一边笑，当我听到祖父说：

"今年春天雨水大，咱们这棵玫瑰开得这么香。二里路也怕闻得到的。"

就把我笑得哆嗦起来。我几乎没有支持的能力再插上去。

等我插完了，祖父还是安然的不晓得。他还照样地拔着垅上的草。我跑得很远的站着，我不敢往祖父那边看，一看就想笑。所以我借机进屋去找一点吃的来，还没有等我回到园中，祖父也进屋来了。

那满头红通通的花朵，一进来祖母就看见了。她看见什么也没说，就大笑了起来。父亲母亲也笑了起来，而以我笑得最厉害，我在炕上打着滚笑。

祖父把帽子摘下来一看，原来那玫瑰的香并不是因为今年春天雨水大的缘故，而是那花就顶在他的头上。

他把帽子放下，他笑了十多分钟还停不住，过一会一想起来，又笑了。

祖父刚有点忘记了，我就在旁边提着说：

"爷爷……今年春天雨水大呀……"

一提起,祖父的笑就来了。于是我也在炕上打起滚来。

就这样一天一天的,祖父,后园,我,这三样是一样也不可缺少的了。

刮了风,下了雨,祖父不知怎样,在我却是非常寂寞的了。去没有去处,玩没有玩的,觉得这一天不知有多少日子那么长。

伤 逝
——涓生的手记

鲁 迅

如果我能够,我要写下我的悔恨和悲哀,为子君,为自己。

会馆里的被遗忘在偏僻里的破屋是这样地寂静和空虚。时光过得真快,我爱子君,仗着她逃出这寂静和空虚,已经满一年了。事情又这么不凑巧,我重来时,偏偏空着的又只有这一间屋。依然是这样的破窗,这样的窗外的半枯的槐树和老紫藤,这样的窗前的方桌,这样的败壁,这样的靠壁的板床。深夜中独自躺在床上,就如我未曾和子君同居以前一般,过去一年中的时光全被消灭,全未有过,我并没有曾经从这破屋子搬出,在吉兆胡同创立了满怀希望的小小的家庭。

不但如此。在一年之前,这寂静和空虚是并不这样的,常常含着期待,期待子君的到来。在久待的焦躁中,一听到皮鞋的高底尖触着砖路的清响,是怎样地使我骤然生动起来呵!于是就看见带着笑涡的苍白的圆脸,苍白的瘦的臂膊,布的有条纹的衫子,玄色的裙。她又带了窗外的半枯的槐树的新叶来,使我看见,还有挂在铁似的老干上的一房一房的紫白的藤花。

然而现在呢,只有寂静和空虚依旧,子君却决不再来了,而且永远,永远地!

……(略)

这是冬春之交的事,风已没有这么冷,我也更久地在外面徘徊;待到回家,大概已经昏黑。就在这样一个昏黑的晚上,我照常没精打采地回来,一看见寓所的门,也照常更加丧气,使脚步放得更缓。但终于走进自己的屋子里了,没有灯火;摸火柴点起来时,是异样的寂寞和空虚!

正在错愕中,官太太便到窗外来叫我出去。

"今天子君的父亲来到这里,将她接回去了。"她很简单地说。

这似乎又不是意料中的事，我便如脑后受了一击，无言地站着。

"她去了么？"过了些时，我只问出这样一句话。

"她去了。"

"她，——她可说什么？"

"没说什么。单是托我见你回来时告诉你，说她去了。"

我不信；但是屋子里是异样的寂寞和空虚。我遍看各处，寻觅子君；只见几件破旧而黯淡的家具，都显得极其清疏，在证明着它们毫无隐匿一人一物的能力。我转念寻信或她留下的字迹，也没有；只是盐和干辣椒，面粉，半株白菜，却聚集在一处了，旁边还有几十枚铜元。这是我们两人生活材料的全副，现在她就郑重地将这留给我一个人，在不言中，教我借此去维持较久的生活。

我似乎被周围所排挤，奔到院子中间，有昏黑在我的周围；正屋的纸窗上映出明亮的灯光，他们正在逗着孩子推笑。我的心也沉静下来，觉得在沉重的迫压中，渐渐隐约地现出脱走的路径：深山大泽，洋场，电灯下的盛筵；壕沟，最黑最黑的深夜，利刃的一击，毫无声响的脚步……。

心地有些轻松，舒展了，想到旅费，并且嘘一口气。

躺着，在合着的眼前经过的预想的前途，不到半夜已经现尽；暗中忽然仿佛看见一堆食物，这之后，便浮出一个子君的灰黄的脸来，睁了孩子气的眼睛，恳托似的看着我。我一定神，什么也没有了。

但我的心却又觉得沉重。我为什么偏不忍耐几天，要这样急急地告诉她真话的呢？现在她知道，她以后所有的只是她父亲——儿女的债主——的烈日一般的严威和旁人的赛过冰霜的冷眼。此外便是虚空。负着虚空的重担，在严威和冷眼中走着所谓人生的路，这是怎么可怕的事呵！而况这路的尽头，又不过是——连墓碑也没有的坟墓。

我不应该将真实说给子君，我们相爱过，我应该永久奉献她我的说谎。如果真实可以宝贵，这在子君就不该是一个沉重的空虚。谎语当然也是一个空虚，然而临末，至多也不过这样地沉重。

我以为将真实说给子君，她便可以毫无顾虑，坚决地毅然前行，一如我们将要同居时那样。但这恐怕是我错误了。她当时的勇敢和无畏是因为爱。

我没有负着虚伪的重担的勇气，却将真实的重担卸给她了。她爱我之后，就要负了这重担，在严威和冷眼中走着所谓人生的路。

我想到她的死……我看见我是一个卑怯者，应该被摈于强有力的人们，无论是真实者，虚伪者。然而她却自始至终，还希望我维持较久的生活……。

我要离开吉兆胡同，在这里是异样的空虚和寂寞。我想，只要离开这里，子君便如还在我的身边；至少，也如还在城中，有一天，将要出乎意表地访我，像住在会馆时候似的。

然而一切请托和书信，都是一无反响；我不得已，只好访问一个久不问候的世交去了。他是我伯父的幼年的同窗，以正经出名的拔贡，寓京很久，交游也广阔的。

大概因为衣服的破旧罢，一登门便很遭门房的白眼。好容易才相见，也还相识，但是很冷落。我们的往事，他全都知道了。

"自然，你也不能在这里了，"他听了我托他在别处觅事之后，冷冷地说，"但哪里去呢？很难。——你那，什么呢，你的朋友罢，子君，你可知道，她死了。"

我惊得没有话。

"真的？"我终于不自觉地问。

"哈哈。自然真的。我家的王升的家，就和她家同村。"

"但是，——不知道是怎么死的？"

"谁知道呢。总之是死了就是了。"

我已经忘却了怎样辞别他，回到自己的寓所。我知道他是不说谎话的；子君总不会再来的了，像去年那样。她虽是想在严威和冷眼中负着虚空的重担来走所谓人生的路，也已经不能。她的命运，已经决定她在我所给与的真实——无爱的人间死灭了！

自然，我不能在这里了；但是，"那里去呢？"

四围是广大的空虚，还有死的寂静。死于无爱的人们的眼前的黑暗，我仿佛一一看见，还听得一切苦闷和绝望的挣扎的声音。

我还期待着新的东西到来，无名的，意外的。但一天一天，无非是死的寂静。

我比先前已经不大出门，只坐卧在广大的空虚里，一任这死的寂静侵蚀着我的灵魂。死的寂静有时也自己战栗，自己退藏，于是在这绝续之交，便闪出无名的，意外的，新的期待。

一天是阴沉的上午，太阳还不能从云里面挣扎出来；连空气都疲乏着。耳中听到细碎的步声和咻咻的鼻息，使我睁开眼。大致一看，屋子里还是空虚；但偶然看到地面，却盘旋着一匹小小的动物，瘦弱的，半死的，满身灰土的……

我一细看，我的心就一停，接着便直跳起来。

那是阿随。它回来了。

我的离开吉兆胡同，也不单是为了房主人们和他家女工的冷眼，大半就为着这阿随。但是，"那里去呢？"新的生路自然还很多，我约略知道，也间或依稀看见，觉得就在我面前，然而我还没有知道跨进那里去的第一步的方法。

经过许多回的思量和比较，也还只有会馆是还能相容的地方。依然是这样的破屋，这样的板床，这样的半枯的槐树和紫藤，但那时使我希望，欢欣，爱，生活的，却全都逝去了，只有一个虚空，我用真实去换来的虚空存在。

新的生路还很多，我必须跨进去，因为我还活着。但我还不知道怎样跨出那第一步。有时，仿佛看见那生路就像一条灰白的长蛇，自己蜿蜒地向我奔来，我等着，等着，看看临近，但忽然便消失在黑暗里了。

初春的夜，还是那么长。长久的枯坐中记起上午在街头所见的葬式，前面是纸人纸马，后面是唱歌一般的哭声。我现在已经知道他们的聪明了，这是多么轻松简截的事。

然而子君的葬式却又在我的眼前，是独自负着虚空的重担，在灰白的长路上前行，而又即刻消失在周围的严威和冷眼里了。

我愿意真有所谓鬼魂，真有所谓地狱，那么，即使在孽风怒吼之中，我也将寻觅子君，当面说出我的悔恨和悲哀，祈求她的饶恕；否则，地狱的毒焰将围绕我，猛烈地烧尽我的悔恨和悲哀。

我将在孽风和毒焰中拥抱子君，乞她宽容，或者使她快意……

但是，这却更虚空于新的生路；现在所有的只是初春的夜，竟还是那么长。我活着，我总得向着新的生路跨出去，那第一步，——却不过是写下我的悔恨和悲哀，为子君，为自己。

我仍然只有唱歌一般的哭声，给子君送葬，葬在遗忘中。

我要遗忘，我为自己，并且要不再想到这用了遗忘给子君送葬。

我要向着新的生路跨进第一步去，我要将真实深深地藏在心的创伤中，默默地前行，用遗忘和说谎做我的前导……

一九二五年十月二十一日毕

词 语 表

	A	
爱怜	àilián	9
安闲	ānxián	6
拗口	àokǒu	10
	B	
拔苗助长	bá miáo zhù zhǎng	11
霸权	bàquán	11
半斤八两	bàn jīn bā liǎng	7
绊脚石	bànjiǎoshí	2
帮凶	bāngxiōng	3
卑微	bēiwēi	3
比肩	bǐjiān	11
必不可少	bì bù kě shǎo	2
敝人	bìrén	1
碧	bì	9
褊	biǎn	3
勃勃	bóbó	2
舶	bó	4
不白之冤	bù bái zhī yuān	2
不啻于	bú chì yú	6
不可或缺	bù kě huò quē	10
不容置疑	bù róng zhì yí	2
不屑一顾	bú xiè yí gù	6

不宜	bùyí		10
不以为然	bù yǐ wéi rán		11

C

裁	cái		9
裁撤	cáichè		10
参差不齐	cēn cī bù qí		11
阐明	chǎnmíng		7
畅谈	chàngtán		6
车水马龙	chē shuǐ mǎ lóng		6
陈词滥调	chén cí làn diào		11
成也萧何，败也萧何	chéng yě xiāo hé, bài yě xiāo hé		5
呈现	chéngxiàn		12
城门失火	chéng mén shī huǒ		3
踌躇	chóuchú		7
出岔子	chū chàzi		7
出风头	chū fēngtóu		2
出口成章	chū kǒu chéng zhāng		11
出落	chūluò		6
出身	chūshēn		9
出仕	chūshì		5
储存	chǔcún		11
传达	chuándá		9
垂	chuí		9
纯粹	chúncuì		12
蠢	chǔn		1

聪慧	cōnghuì	6
粗糙	cūcāo	11
粗心大意	cū xīn dà yì	8
篡改	cuàngǎi	5
摧残	cuīcán	2

D

打道回府	dǎ dào huí fǔ	6
大功告成	dà gōng gào chéng	11
大惊失色	dà jīng shī sè	6
党羽	dǎngyǔ	3
道	dào	9
登陆	dēnglù	4
抵触	dǐchù	2
典雅	diǎnyǎ	10
奠基	diànjī	11
掉以轻心	diào yǐ qīng xīn	11
东山再起	dōng shān zài qǐ	5
动辄	dòngzhé	4
断绝	duànjué	2
对举	duìjǔ	9
敦厚	dūnhòu	12
敦请	dūnqǐng	6
多面手	duōmiànshǒu	12

E

而已	éryǐ	1

F

泛滥	fànlàn	11
方	fāng	8
扉	fēi	9
匪徒	fěitú	5
废	fèi	1
废黜	fèichù	6
分晓	fēnxiǎo	12
纷呈	fēnchéng	5
风气	fēngqì	12
风水	fēngshuǐ	2
敷衍	fūyǎn	11
负累	fùlèi	4
赴汤蹈火	fù tāng dǎo huǒ	3

G

旮旯	gālá	10
割裂	gēliè	11
各不相干	gè bù xiāng gān	8
寡人	guǎrén	3
官僚	guānliáo	11
光泽	guāngzé	9
归拢	guīlǒng	7
轨	guǐ	1

H

含糊其辞	hán hu qí cí	7
豪迈	háomài	4

浩如烟海	hào rú yān hǎi	11
合拍	hépāi	7
赫赫有名	hè hè yǒu míng	6
呼应	hūyìng	3
胡言乱语	hú yán luàn yǔ	11
焕发	huànfā	12
挥霍	huīhuò	12
辉煌	huīhuáng	4
浑然天成	hún rán tiān chéng	12
混淆	hùnxiáo	3
活灵活现	huó líng huó xiàn	12

J

急躁	jízào	7
迹象	jìxiàng	2
既	jì	3
既定	jìdìng	3
既往不咎	jì wǎng bù jiù	3
悸	jì	4
寄寓	jìyù	4
寄赠	jìzèn	1
践踏	jiàntà	12
匠心独运	jiàng xīn dú yùn	4
教条	jiàotiáo	12
节骨眼儿	jiéguyǎnr	11
结巴	jiēba	11
睫毛	jiémáo	4

竭尽	jiéjìn	7
解析	jiěxī	11
界限	jièxiàn	1
借助	jièzhù	9
矜持	jīnchí	12
禁锢	jìngù	6
荆	jīng	9
惊涛骇浪	jīng tāo hài làng	6
精良	jīngliáng	12
精密	jīngmì	7
精微	jīngwēi	11
竞相仿效	jìng xiāng fǎng xiào	6
就绪	jiùxù	8
拘谨	jūjǐn	12
居室	jūshì	9
举足轻重	jǔ zú qīng zhòng	2
绝	jué	9
崛起	juéqǐ	6

K

考究	kǎojiu	7
可望而不可即	kě wàng ér bù kě jí	3
刻板	kèbǎn	12
刻舟求剑	kè zhōu qiú jiàn	11
恪守	kèshǒu	11
恳切	kěnqiè	1
窟窿	kūlong	10

苦头	kǔtóu	2
诓	kuāng	5
狂欢	kuánghuān	11
溃	kuì	3
溃散	kuìsàn	5

L

邋遢	lāta	12
冷漠	lěngmò	2
离谱	lípǔ	2
俚俗	lǐsú	12
连带	liándài	7
列强	lièqiáng	2
吝惜	lìnxī	3
玲珑	línglóng	4
流畅	liúchàng	3

M

脉络	màiluò	7
盲目	mángmù	11
寐	mèi	3
门庭若市	mén tíng ruò shì	6
梦寐以求	mèng mèi yǐ qiú	6
弥补	míbǔ	11
名士	míngshì	5
漠然	mòrán	12

N

| 内涵 | nèihán | 4 |

泥泞	nínìng	12
袅娜	niǎonuó	9
凝	níng	9
牛头不对马嘴	niú tóu bú duì mǎ zuǐ	7
浓缩	nóngsuō	11

P

排斥	páichì	9
盘桓	pánhuán	6
抛却	pāoquè	4
蓬勃	péngbó	4
譬如	pìrú	10
偏激	piānjī	1
平淡	píngdàn	11
凭借	píngjiè	7
泼辣	pōlà	12
破获	pòhuò	5
剖析	pōuxī	7
铺天盖地	pù tiān gài dì	2

Q

歧义	qíyì	9
气宇	qìyǔ	6
前卫	qiánwèi	11
嵌	qiàn	3
强势	qiángshì	11
切莫	qièmò	12
切身	qièshēn	1

妾	qiè	9
清净	qīngjìng	8
屈服	qūfú	2
渠道	qúdào	1
取长补短	qǔ cháng bǔ duǎn	12
阕	què	9

R

热衷	rèzhōng	2
入情入理	rù qíng rù lǐ	11
若即若离	ruò jí ruò lí	3
若无其事	ruò wú qí shì	6
弱冠	ruòguàn	6

S

商榷	shāngquè	8
上口	shàngkǒu	10
上溯	shàngsù	2
尚未	shàngwèi	8
申述	shēnshù	8
深奥	shēn'ào	7
审视	shěnshì	2
慎重	shènzhòng	1
声名大振	shēng míng dà zhèn	6
时局	shíjú	5
实至名归	shí zhì míng guī	5
仕途	shìtú	6
饰物	shìwù	4

衰竭	shuāijié	11
丝绦	sītāo	9
似	sì	9
似是而非	sì shì ér fēi	2
塑造	sùzào	12
酸腐	suānfǔ	12
随波逐流	suí bō zhú liú	2
遂	suí	9
榫	sǔn	10

T

弹劾	tánhé	6
滔滔	tāotāo	2
陶醉	táozuì	4
腾空一跃	téng kōng yí yuè	8
条理	tiáolǐ	7
停滞	tíngzhì	2
同流合污	tóng liú hé wū	12
推究	tuījiū	7
推理	tuīlǐ	7
颓丧	tuísàng	12
吞噬	tūnshì	12
妥当	tuǒdàng	7
妥协	tuǒxié	8

W

歪曲	wāiqū	4
玩弄	wánnòng	3

163

玩味	wánwèi	4
宛如	wǎnrú	9
万不得已	wàn bù dé yǐ	6
危言耸听	wēi yán sǒng tīng	2
伪劣	wěiliè	12
卫道者	wèidàozhě	2
蔚成时尚	wèi chéng shí shàng	6
温煦	wēnxù	4
文采	wéncǎi	5
文盲	wénmáng	1
文身	wénshēn	4
文雅	wényǎ	12
闻	wén	9
诬告	wūgào	2
吴声	wúshēng	9
	X	
先锋	xiānfēng	11
鲜嫩	xiānnèn	9
陷害	xiànhài	3
陷阱	xiànjǐng	12
销声匿迹	xiāo shēng nì jì	2
小户人家	xiǎo hù rén jiā	9
小家碧玉	xiǎo jiā bì yù	9
效尤	xiàoyóu	7
携带	xiédài	10
心粗气浮	xīn cū qì fú	7

心平气和	xīn píng qì hé	2
心仪	xīnyí	4
行文	xíngwén	3
虚空	xūkōng	9
虚拟	xūnǐ	12
削足适履	xuē zú shì lǚ	11
循	xún	8

Y

哑口无言	yǎ kǒu wú yán	11
雅俗共赏	yǎ sú gòng shǎng	12
雅兴	yǎxìng	6
延绵	yánmián	11
严丝合缝	yán sī hé fèng	10
严正	yánzhèng	7
掩	yǎn	9
掩耳盗铃	yǎn ěr dào líng	11
偃旗息鼓	yǎn qí xī gǔ	5
殃及池鱼	yāng jí chí yú	3
扬弃	yángqì	12
摇曳生姿	yáo yè shēng zī	4
野蛮	yěmán	11
一触即发	yī chù jí fā	3
一哄而上	yì hōng ér shàng	4
一任群芳妒	yí rèn qún fāng dù	4
一语双关	yì yǔ shuāng guān	9
屹立	yìlì	2

抑扬顿挫	yì yáng dùn cuò	11
意念	yìniàn	7
因果倒置	yīn guǒ dào zhì	2
氤氲	yīnyūn	12
隐居	yǐnjū	5
鹦鹉学舌	yīng wǔ xué shé	11
咏	yǒng	9
涌现	yǒngxiàn	12
优化	yōuhuà	11
优雅	yōuyǎ	4
优质	yōuzhì	11
忧心	yōuxīn	2
游移	yóuyí	7
有…之嫌	yǒu...zhī xián	4
有赖于	yǒulàiyú	2
有目共睹	yǒu mù gòng dǔ	2
有失	yǒushī	10
诱发	yòufā	4
余党	yúdǎng	5
愚鲁	yúlǔ	12
愚昧	yúmèi	2
与日俱增	yǔ rì jù zēng	2
予以	yǔyǐ	1
元凶	yuánxiōng	2
约定俗成	yuē dìng sú chéng	2
韵致	yùnzhì	12

Z

糟粕	zāopò		11
乍	zhà		8
沾沾	zhānzhān		2
瞻	zhān		9
着迷	zháomí		4
真切	zhēnqiè		11
振振有词	zhèn zhèn yǒu cí		5
征伐	zhēngfá		6
殖民地	zhímíndì		2
指控	zhǐkòng		2
中流砥柱	zhōng liú dǐ zhù		2
注入	zhùrù		12
妆饰	zhuāngshì		9
赘述	zhuìshù		9
捉摸	zhuōmō		8
自高自大	zì gāo zì dà		6
综上所述	zōng shàng suǒ shù		4
走马观花	zǒu mǎ guān huā		3
祖宗	zǔzong		1
作梗	zuògěng		2

部分练习参考答案

第一课

一、1.予以　2.慎重　3.切身　4.偏激　5.恳切

二、1.废除　2.界限　3.渠道　4.寄赠　5.而已　6.敝人

第二课

一、1.摧残　2.屹立　3.怪罪　4.指控　5.元凶　6.审视　7.愚昧　8.冷漠　9.诬告　10.有目共睹　11.销声匿迹　12.举足轻重　13.危言耸听　14.心平气和　15.不容置疑

第三课

一、1.吝惜　2.党羽　3.玩弄　4.陷害　5.卑微　6.行文　7.混淆　8.流畅　9.呼应

二、1.城门失火，殃及池鱼　2.非此即彼　3.走马观花　4.望文生义　5.赴汤蹈火　6.若即若离　7.可望而不可即　8.一触即发　9.既往不咎　10.相形见绌

三、1.导致/致使　2.导致/致使　3.致使　4.导致　5.导致　6.导致

第四课

一、（1c）玩味　（2f）抛却　（3b）负累　（4h）心仪　（5a）温煦　（6e）豪迈

1.心仪　2.玩味　3.抛却　4.温煦　5.负累　6.豪迈

二、1.蓬勃　2.诱发　3.歪曲　4.辉煌　5.优雅　6.内涵　7.寄寓

三、1.摇曳生姿　2.一哄而上　3.心有余悸　4.综上所述　5.匠心独运　6.小巧玲珑

第五课

一、1.时局 2.文采 3.破获 4.溃散 5.匪徒 6.诓 7.篡改

二、1.偃旗息鼓 2.成也萧何，败也萧何 3.实至名归 4.振振有词
　　5.必恭必敬 6.山雨欲来风满楼 7.精彩纷呈

三、1.长此以往 2.始终不渝 3.心领神会 4.东山再起

第六课

一、1.出落 2.聪慧 3.盘桓 4.敦请 5.征伐 6.弹劾 7.禁锢
　　8.竞相仿效 9.蔚成时尚 10.声名大振 11.惊涛骇浪 12.气宇非凡

二、1.蔚成时尚 2.不屑一顾 3.自高自大 4.万不得已

三、1.大惊失色 2.万不得已 3.不屑一顾 4.赫赫有名 5.门庭若市
　　6.若无其事 7.车水马龙 8.自高自大

四、1.盘桓/流连 2.盘桓 3.徘徊 4.徘徊 5.流连 6.畅谈 7.畅谈
　　8.聊 9.吟诵 10.朗诵 11.聪慧 12.智慧 13.雅兴 14.兴趣
　　15.禁锢 16.束缚 17.废除 18.废黜

第七课

一、1.精密 2.推究 3.阐明 4.凭借 5.妥当 6.深奥 7.合拍 8.条理
　　9.考究 10.剖析

二、1.竭尽 2.意念 3.效尤 4.归拢 5.踌躇 6.脉络 7.严正 8.审慎
　　9.含糊其辞 10.急躁 11.推理 12.出岔子 13.连带

三、1.推究 2.推理 3.考究 4.推理 5.表明 6.阐明 7.合拍 8.符合
　　9.妥当 10.适当 11.恰当

四、1.急躁 2.心粗气浮 3.牛头不对马嘴 4.心思 5.半斤八两
　　6.含糊其辞 7.出岔子

第九课

一、1.传达 2.排斥 3.借助 4.妆饰 5.婀娜 6.鲜嫩 7.光泽 8.宛如
　　9.对举 10.爱怜 11.赘述

第十课

一、1. 典雅 2. 不宜 3. 携带 4. 裁撤 5. 严丝合缝 6. 不可或缺

二、1. 你说的话甚合吾意。/汝言甚合吾意。

2. 延安《解放日报》遂发表社论予以支持。

3. 若成为明星，则能彻改自己乃至家族之命运。

4. 我视他为贵宾，因而对他如此客气。

5. 若做事半途而废，岂不见笑于后人乎？

6. 这是有目共睹之事实，无须赘述。

7. 传说她本为民间女子。这个故事见于《搜神记》卷十四。

第十一课

一、1. 野蛮 2. 结巴 3. 优质 4. 解析 5. 敷衍 6. 真切 7. 盲目 8. 弥补 9. 储存 10. 浓缩 11. 割裂 12. 泛滥 13. 优化

三、1. 掩耳盗铃 2. 出口成章 3. 胡言乱语 4. 刻舟求剑 5. 平淡无奇 6. 入情入理 7. 拔苗助长

四、1. 参差不齐 2. 掉以轻心 3. 哑口无言 4. 不以为然 5. 有口难言 6. 与之比肩

第十二课

一、1. 同流合污 2. 活灵活现 3. 浑然天成 4. 雅俗共赏 5. 取长补短

二、1. 纯粹 2. 漠然 3. 俚俗 4. 刻板 5. 拘谨 6. 泼辣 7. 文雅 8. 矜持 9. 颓丧 10. 切莫 11. 践踏 12. 韵致 13. 陷阱 14. 塑造 15. 涌现 16. 呈现